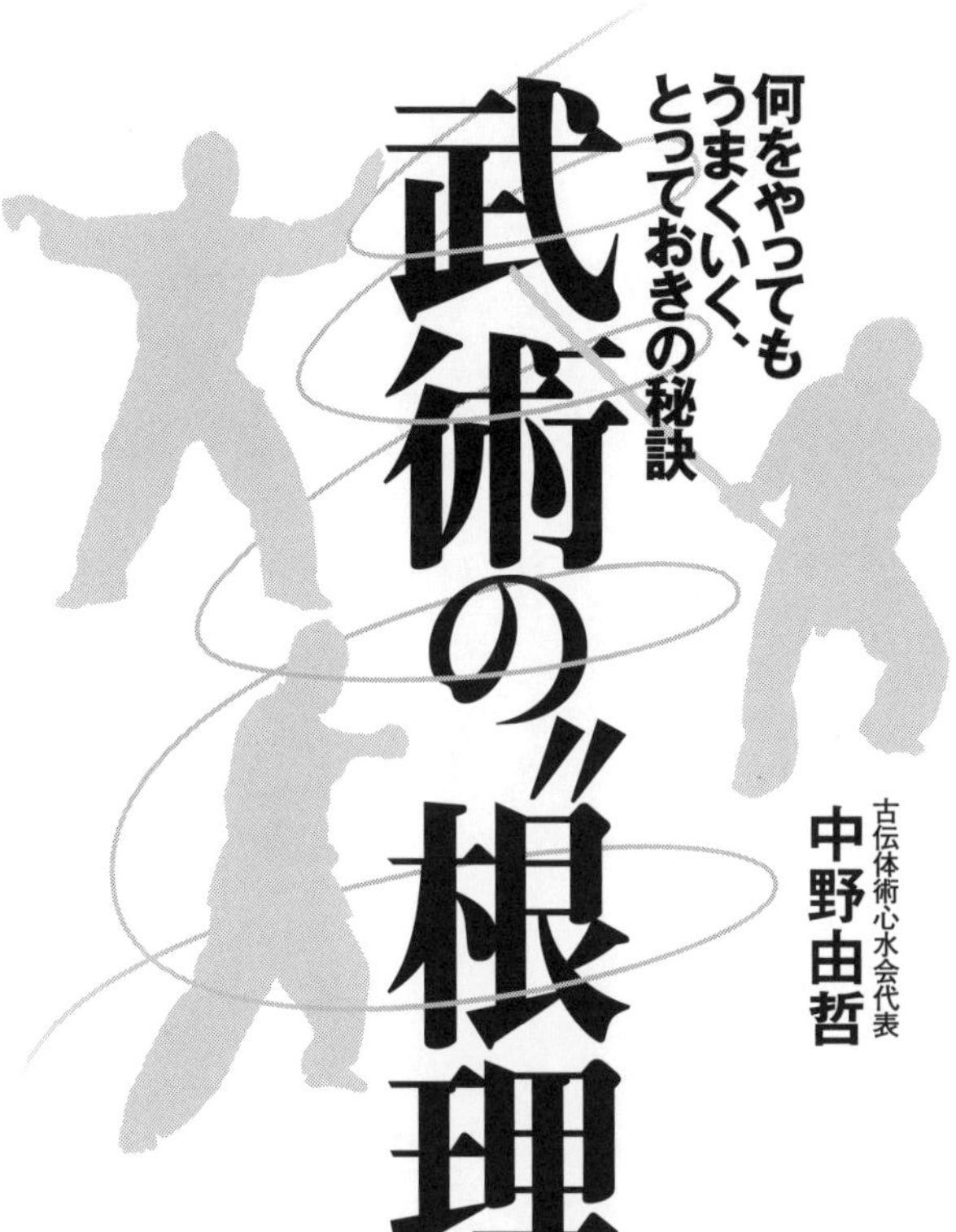

何をやっても
うまくいく、
とっておきの秘訣

武術の〝根理〟

古伝体術「心水会」代表
中野由哲

BABジャパン

前書き

はじめまして！　古伝体術心水会を主宰している中野由哲と申します。古伝体術とは、空手や太極拳などの中国武術、日本の剣術・柔術・居合といった古武術や合気道など、あらゆる武術に共通するエッセンスを抽出したものを古伝の「型」を通じて学習していくといった、「古《いにしえ》から伝わる体の使い方（体術）」のことです。

「古伝体術？なんだそりゃ？」とあなたは思われたことでしょう。

とまぁ、まどろっこしいことを言いましたが、私が様々な武術を二十年に渡り学んだ中で、カラダを使うということにおいていくつかの共通点に気づきました。それをきっかけに「型での稽古方法」を少しずつ理解できるようになり、先人たちが何を型に込めたのかを考え、「型」と向き合い、試行錯誤しながら学習することで得た「上達するための方法論」、これを古伝体術と称して指導しております。

これは新たに創始したものではありません。元々あったであろうと思われる心と体の自然なあり方を「型」を利用して紐解いていく稽古方法です。この「元々あったであろうもの」がよくいわれる「自然体」で、心水会ではこの自然体の追求を行なっております。それを、ある時は空手の型、ある時は中国武術の型や日本の居合・剣術などから学習する稽古システムをとっています。

昨今、様々な方がそれぞれ違った身体操作方法や理論を発表されておられます。この本で紹介させてもらっている検証方法なども、他でご覧になったことがあるものがいくつかあるかと思います。ただ、この本で紹介しているものは型と向き合って稽古した結果、型から得られた理論に基づいての各種検証方法です。

人間が体を動かす時にどのようなことが起きていて、どうしたらスムーズに動けるのか？　先人達が創りあげ、伝えられてきた「型」にはそのヒントが散りばめられていて、達人と呼ばれる方と同じような技や動きができるようになる……はずなんですが、正直、よくわからず稽古している期間が自分にはかなりありました。続けていればいつかわかる時がくると信じて。そんな中で、風心会　永野順一先生・柔剣雷心会　永野勝先生から教えていただく機会を得たことによって、型での学習方法のヒントを得ることができました。

このご縁がなければ、このように自分が得られた理論を単行本で発表するような事はまずなかったと思います。両先生にはこの場をかりて、感謝申し上げます。

この本では、私自身が少しずつ「型」との向き合い方を理解するようになり、少しずつ、達人と呼ばれる方達の真似事ができるようになった方法論を、様々な検証法を用いて説明しております。

達人がどのような心と体の用い方をしていたか、それを「型」で学習する稽古方法を写真と文章から学べるようになっています。

この本で武術の「型」の素晴らしさを少しでも伝えることができたなら、作者としてこれ以上の喜びはありません。

中野由哲

2016年5月

目次

目次

第4章 〝添わす〟感覚
―合気的技法の研究

第5章 〝意識〟の力
―動きと身体を変える最深奥義

序章

すべての武術が目指すもの

——〝自然に動くこと〟の難しさ

① 速くしようとすると遅くなる⁉

実際に想像して行なってみて下さい。

あなたは、テーブルの上に大好物のケーキを置いて、これから食べようとしています。あなたは大変行儀の良い方で、椅子に座って両手を太ももの上にきっちりと置いて、『いただきます！』と言おうとしたその刹那、一匹のハエがどこからか飛んできて、あなたのケーキに触れようとしているではありませんか！

さて、どうしますか？

いや、想像力の豊かなあなたはもう、やってしまいましたね。手で追い払おうと動かしたはずです。

では次に、ハエをあなたの〝最速の手の動き〟で追い払ってみて下さい。ハエの動きは速いですからね。相当素早く手を動かさないとハエにかいくぐられてしまいます。

３つ目、これで最後です。今度は、行儀良く太ももの上にきっちり置いたあなたの両手首は誰かにつかまれています。もし今のあなたのそばに誰かいるなら、本当につかんでもらいましょう。その状態から、ハエが追い払えますか？

今、３種類の動作をやっていただきました。いや、動作としてはみんな同じですね。ハエを手で追い払うだけですから。でも、その中身は全然違うんです。

1　ただ、ハエを追い払う。

2　〝速く手を動かそう〟と意識してハエを追い払う。

3　両手首をつかまれた状態から、ハエを追い払う。

実は今、一番速く、強く動けていたのは〝1〟だったんです。
そんなはずはないとお思いでしょうか？〝2〟の方が速いはずだ。〝3〟の方が強いはずだ、と。でも、
それは残念ながら錯覚なのです。

人の身体が運動する場合、無駄な力みがあるほど、その動きをロスさせます。スポーツなどでも、種類問わず「力むな、力むな」と言いますね。あれはまさにこれです。野球で快心のホームランが打てたとき、打者には手応えがまるでないんだそうです。スッと打ててしまう。腕に血管が浮き出そうなほど力んだ方が、かっ飛ばせそうな気もするんですけどね。

もちろん、まったくダランダランに力を抜け、という話ではありません。使うべき筋肉は使う、それが前提です。〝無駄な力み〟が問題なのです。

〝3〟の両手首をつかまれた状態から動こうとした時、無意識にその手首をギュッと固めるようにした方が多いと思います。その方が強そうに、思

えないこともないですよね。でも、冷静に考えてみると、その「手首をギュッと固めている筋肉の働き」は、手をハエに向けて動かす運動のためには、何の役にも立っていません。つまり〝無駄な力み〟です。〝無駄な力み〟は本当にやりたい動き自体をロスさせるので、結果として弱くなります。

多くの方は、手首をつかまれた状態から手を動かそうとする時、そのつかまれる力が強かろうが弱かろうが、手首をギュッと固めてしまうと思います。今、「つかまれる力が強かろうが弱かろうが」と述べました。そう、関係ないのです。それは他者の力に抗おうとするために必要な力みではありません。つかまれた手首を意識するだけのことによって生じる力みなのです。人は〝意識〟をするとそれだけでつい力んでしまうのです。

〝2〟はなかなか自覚するのが難しいかもしれませんが、これもやはり〝無駄な力み〟が生じてしまっています。「手を速く動かそう」と意識して動かした時、肩に力が入りませんでしたか？

その肩の力みは、実は腕を速く振り出すためには必要のない筋肉の力みなんです。

〝意識してしまうこと〟の罪深さを知るために、もう一つ例をみて下さい。

② できるはずの動きができなくなる!?

では、正座の姿勢になってみて下さい。そうしたら、その正座の状態から立ってみてください。

ま、普通に立てますよね（笑）。

では、今度は誰かに上から両肩を押さえつけてもらいます（次ページ写真参照）。その状態で立つことが

正座して、上から両肩を押さえつけられた状態から、立ち上がることができるか？

できるかどうか？

実際に行なってみて立ち上がることができましたか？

多くの方ができなかったのではないかと思います。落ち込む必要はありませんからね。何しろ、重力まで味方につけて真下に押さえつけてくる相手の力に対抗しようとするのは大変です。

では、正解をお教えしましょう（次ページ写真参照）。

まず、上から押さえつけてくる相手の力に、あまり対抗しようとしないで下さい。がんばらない、ということですね。すると、自然に上体が前傾してくると思います。完全に抜ききってしまったらつぶされてしまうので、そこはほどほどに。

そこから立ち上がってみて下さい。今度はできたのではありませんか？

たったこれだけのことなんですが、これは秘伝でも奥義でもありません。試しに、もう一度、両

両肩を押さえつけられた状態からでも立ち上がれる〝正解〟の動き。まず背中を丸め、少し上体を前に倒してから立ち上がる。実はこれ、誰もが普段やっている動き。

両肩を押さえつけられた状態から立ち上がろうとする時、多くの人は、その肩に加わってくる力自体に対抗させようと、肩を真上に上げようとしてしまう。

肩を押さえつけられていない状態から、普通に立ち上がってみて下さい。誰もが、まずは少し上体を前に傾ける、そんなような動きになっているのではありませんか？

では振り返って、押さえつけられた時に、自分は何をやっていたんだろう、という話です。

多くの方は、両肩を押さえつけてくるその手を押し上げねばならない、とばかりに自分の肩を真上に上げようとしていたのではありませんか？

では、試しにその「真上に上がる」ような立ち上がり方を一人でやってみて下さい。背中の上の方だとか、普段なら使わない変な部分を力ませてしまいますよね。そんな不自然な立ち上がり方を、あなたはやろうとしていた訳なんです。

お気づきの通り、これは〝押さえつけてくる手〟自体を意識するばかりに起こる現象です。そしてここでは、先ほどのハエを追いたい時に手首をつかまれた例で生じた〝無駄な力み〟どころの問題

帯刀し正座した状態で、両手首を相手に押さえてもらう。この状態から抜刀することができるか？

ではありません。〝意識〟することによって無自覚のうちに自分の動き自体を変えようとしてしまっているのです。

③ その両手、動かせますか？

上の写真は、私たち心水会で実際に行なっている稽古です。刀を差して正座した状態で、誰かに両手を押さえつけてもらいます。この状態から刀が抜けるか？　という稽古です。

実際に試してみてもらうとすぐにわかりますが、写真のように押さえつけられた手首を動かそうとしてもなかなか動かせません。

もうおわかりですね。これは腕力を鍛える稽古ではありません。つかまれた手にとらわれず、〝自然〟で人間本来の動作システムで動くための稽古です。

人間本来の動作システムで動ければ、次ページ写真のように、一歩踏み出しながら刀を抜くことが可能となります。それは、最小限で最大の力が発揮できるようになる、ということでもあり、〝関係性〟で言えば、相手の力とぶつからなくなる、とい

人間本来の正しい動きさえできれば、一歩踏み出しながら刀を抜き、結果として相手を崩すことができる。これが武術の〝技〟というものの本質であり、〝技〟を身につけていくということは、「人間本来の正しい動きがいつでもできるようになっていくこと」なのだ。

うことでもあります。筋トレではなく、これはいわば〝技〟なのです。

では、このことを可能とした人間本来の動作システムとは一体どのようなものなんでしょうか？

それは、「私達人間が普段、何も考えずに働かせている自然な動き」ということになります。

押さえつけられた手首や手先を動かそうとするこの動作は、単純な見方をすると「腕を伸ばす動作」と捉えることができます。では、単純に腕を伸ばすという自然な動作が、どうしてできなくなってしまうのか。

それは人間特有の「クセ」なのです。手首を押さえられれば刺激によって、意識もそこに集中してしまい、押さえ込まれた手先の方を動かそうとしてしまいます。ここは力と力が最もぶつかり合うところなのでまず、技はかかりません。

この押さえ込まれるなどといった刺激に意識がいってしまい、自然な動作から離れてしまうということ、これが人間の「クセ」というものなんです。

この「クセ」を取り除き、自然で人間本来の動作回路を取り戻していくことこそが、あらゆる武術がさまざまな稽古の中で行なってきたことです。それは大変なことです。だって、普通は誰だって、相手に勝ちたい、相手より強くなりたい、と思って稽古するでしょう。相手より強く、相手より速く、相手のやりたいことはさせずに自分がやりたいことをやりたい、という対抗図式が常に武術の前提にあるのですから、意識するなと言われても、どうしてもしてしまうものです。

昔の武術家がこの対抗図式のままに〝相手より大きな武力をもって打破する〟という方法論を選んでいたら、武術というものは、鉄砲一丁より三丁、鉄砲三丁より大砲三基、という具合にどんどん物量的に攻撃力を拡大させていこうとするようなものになっていたかもしれません。それこそ、筋トレだとか、たくさん食べて身体を大きくする、といったこともやるようになっていたでしょう。
でも、武術のほとんどは、そういう方法論を選びませんでした。
では、何を選んだのか？
それは〝型〟です。

④ 〝型〟は何のためにやるもの？

剣術でも、柔術や空手でも、あるいは中国拳法でも、古くから伝わる武術のほとんどは、筋トレよりも型稽古を行ないます。皆さんは、型稽古が果たして本当に役に立つんだろうか、と疑問に感じたことはありませんか？

「本当の自由はがんじがらめの不自由さの中にある」というのは、長渕剛さんのstay dreamという歌の歌詞です。当然、武術稽古のことを意味する訳ではないでしょうが（笑）、型稽古での上達方法みたいなものがなんとなく理解できてきた頃に、久しぶりにこのフレーズを聴いた時、不思議な共通点にニンマリしてしまいました。

私は武術に存在する「型」というものの目的が、無意識（自然）に作動するカラダの働き（動作）を、意識的に確認しながら動かすことで、「無意識の動きの回路」を浮き彫りにし、そして、この明確になった「無意識の動き」を繰り返し繰り返し〝意識的〟に練習していくことによって、どんな状況でも作動する回路（システム）を造っていくもの、として捉えています。

意識的に練習するためには型稽古という限定された状況、つまり約束事の中で稽古する方が集中しやすく、上達への近道となるのです。つまり、型というものをこのような意識で稽古することによって、自分のカラダに何かしらの抵抗が加わった時に、最初は意識して動かしていた「回路」が無意識の状態でも働くようになり、武術的な技ができるということが可能になってきます。後はその性能と精度を日々の稽古でレベルアップさせ「技と術」を向上させていきます。（太極拳では「用意不要力」という口訣で、このことを表現しているのだと思われます。）

つまり武術における型稽古とは、人間が本来自然に行なっている動作を明確化し、そして深化・洗練させていくことを目的とした学習システムとして、先人たちが遺してくれたものなのではないかと思うのです。武術の目指すところが人間が自然に行なっている動作の追求にあるとすることで、人間の根本的な動作を探求していく「根理」の存在を認識することが可能となるのです。

私たち心水会では、空手や中国武術、合気道や古武術などを同列に稽古しています。そしてそれらに共通して存在するエッセンスを「根理」と呼んで抽出し、追究しています。

本書で皆さんにお伝えしたいのは、この「根理」というものの存在があらゆる武術の理解を助け、上達を助け、とてつもなく広く応用可能なものである、ということです。人間が動くこと、ならば何にでも応用できる、と言っていいかもしれません。

もしも小さな老人が、プロレスラーのような大男に両手を押さえられているのにスラリと抜刀したら、人の目には「なんて怪力なんだ！」と映ることでしょう。でも、本質は違います。人間本来の動きがいつでもできる、というだけなのです。

一面的な視点では、見えないものがあります。ぜひこの、あらゆる武術の共通項たる「根理」を体感し、人間本来の動きを取り戻してみて下さい。それがかなった時、あなたは先人たちが追い続けてきたものの本当の凄さを知ることになるでしょう。

第1章

全身を繋げるコツ

① 胸をゆるめる

もう一度、前章でご紹介した「正座からの立ち上がり」を、今度は実際にどんなことをしていたのか、という観点から見直してみましょう。

まず行なっていたのが、上からの相手の力に対してがんばるのをほどほどにして、自然に上体を前に倒すことでした。見かけ上の違いで言えば、確かに上体が倒れるか倒れないか、くらいのものなんですが、それだけで「立ち上がれなかったものが立ち上がれるようになる」ほどに劇的に変化するというのも、考えてみれば不思議な気がしませんか？

実はここで行なっていたのは、〝上体を倒す〟というよりは、〝胸をゆるめる〟という操作です。別な言い方をすると、胸の力を抜くということです。〝上からの力に対しがんばらない〟ということをやろうとすることによって、自然にこれをやっていた訳です。

胸は上半身の要所です。ここに力が入っていると、何もできません。

中国武術の四字口訣（極意を漢字四文字で言い表わしたもの）に「含胸抜背《がんきょうばっぱい》」というものがあります。

この言葉は、得てして「胸をすぼめて背中を丸めた姿勢」と解釈されがちなのですが、意味している所は若干違います。

「含胸抜背」は元々、「涵胸抜背」と書きました。「涵」というのは〝中に含み持つ〟というニュアンスを意味する漢字で、「涵胸」と言えば、〝胸を柔らかく保って前に空間を作る〟という意味になります。「抜背」

〝背中を丸めて上体を前に倒す〟動きの中で行なっている操作は、胸をゆるめること。

中国武術における代表的な四字口訣の一つ「含胸抜背」は、胸をゆるめた体勢を意味している。

胸をゆるめて、上体を前傾させせると、体重を両股関節に乗せることができ、脚の力が上体に伝わるようになる。

の方は、〝背中を開放する〟という意味です。

意味を知ると、どういう姿勢をとればよいかが具体的にイメージできてくるのではありませんか？

胸の力が抜ける（含胸）ことによって背中に丸みが生じ、上体の力が抜けます。そして、その抜けた上体の重みは前傾することによって両股関節に乗せることができ、脚からの力が上体に伝わるようになります。晴れて立ち上がれるようになる訳です。

普段はこれらのことを無意識に行なって「立ち上がる」という動作が完成します。いわゆる〝自然な動き〟であり、何も特別な操作ではありません。ところが、上から下に抵抗が加えられた途端、何もない状態では前傾していたカラダの使い方はなくなり、押さえつけの力に対抗するように相手の両手と接触している両肩を使って上方へ押し返そうとしてしまうのです。

この、接触点同士（この場合は相手の両手と自分の両肩）では、力のぶつかり合いが生じています。

相手の力を感じてしまうと、そこに力をぶつけ合ってしまうというところに、人間のクセがあり、技がかからない原因となるのです。両手首をつかまれた場合にも同じようにこのクセが働き、相手の手と自分の手首で衝突しているのが感じられるかと思います。

この〝衝突〟が、武術の大敵なのです。

②〝衝突〟に関する一考察

なぜ〝衝突〟がいけないのでしょうか？　中には「〝衝突〟して打ち勝つことが武術なんじゃないのか」

とお考えの方もいるかもしれません。

しかし、〝衝突〟すれば必ず力くらべになります。つまり、相手より大きな力を持っている方が勝つのです。

言うまでもありませんが、武術での相手とは、その時初めて出会い、その力の大きさがどれだけのものかはわからない、という者を前提としています。そんな相手と力くらべをしよう、というのは、いわばイチかバチかのバクチです。今回は負けても次があるさ、というならまだいいですが、武術で負けることは命を落とすことを意味していました。いかがですか？　そんなバクチを打つ気にはならなくなったでしょう。

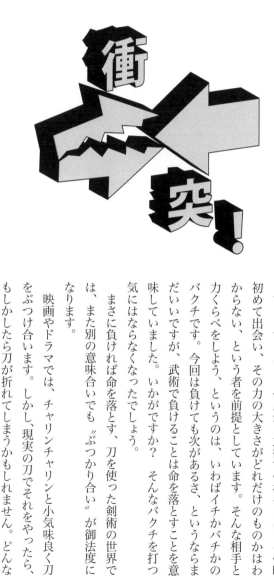

まさに負ければ命を落とす、刀を使った剣術の世界では、また別の意味合いでも〝ぶつかり合い〟が御法度になります。

映画やドラマでは、チャリンチャリンと小気味良く刀をぶつけ合います。しかし、現実の刀でそれをやったら、もしかしたら刀が折れてしまうかもしれません。どんなに腕が相手より勝っていても、自分の刀が相手のより弱いばっかりに、折られ、負けてしまうかもしれません。そんなバクチは打てませんよね。

だから剣術における技術はどれも、まともには刀をぶつかり合わせないことが前提になっているのです。相手の刀が自分の身体に向かってきたら、その間に自分の刀を差し出しても食い止められるとは限らない、と考えるのが実際の剣術です。

3 〝非衝突〟でこそなせる合気技法の原理

では、武器を持たない徒手武術ではどうでしょうか？

もちろん同じです。〝非衝突〟を目指すのは剣術だけの特有な考え方ではありません。確かに武器を使わないなら、受け損なっても即絶命に至る危険性は低そうなので、バチバチとぶつかり合って〝どちらが強いか？〟のバクチに出たくなる人もいるかもしれません。

スポーツならば、そうやって自分の強さを高めていくのもいいと思います。ぶつかり合うことによって強くなっていく、というのもある意味現実社会の真実ですからね。

でも、古の理合をそのまま継承している武術の世界ならば、例外なく〝衝突〟は選びません。

合気の技で見てみましょう。

大東流や合気道などの合気の技は、剣術の理合が元になっています。だから、たとえ手刀の打ちであろうが、拳の当てであろうが、あるいは押し込んでくる力であろうが、まともに受けてしまったら命取り、と考えるシビアな理合のもとに技が成立しています。

あの流れるような動きをみても、ぶつかり合い、力比べの技でないことは一目瞭然ですが、スルスルとかわせばいい、というような簡単なものでもありません。

次ページの写真は、大東流で行なわれている「合気上げ」です。

正座して、太ももの上に置いた両手首を、相手が押さえつけてきます。そこから両手を差し上げて相手を崩す訳です。

これは、よほど強い腕力の持ち主でない限り、腕の力だけで持ち上げようとしても上がりません。もちろん、上がるように上腕二頭筋を鍛えて行こう、という筋トレでもありません。

「合気上げ」は鍛錬法的に行なわれているものですが、筋トレというくらいならば、私は〝技〟だと思っています。持ち上げるためには何が必要か？ それがまず〝相手の力と衝突しないこと〟だからです。

「合気上げ」には実はさまざまな方法論が存在します。それこそ、強大な上腕二頭筋の力をもって上げるなんていうのを含めるならば、各人各様と言ってもいいくらいかもしれません。

しかし、最も代表的と言えそうな、それだけに誰がやってもできるようになる、というものを一つご紹介します。

まず、つかまれた相手の力に対し、がんばらないようにします。手首に力を入れないのはもちろん、ここでも正座で両肩を押さえつけられた時と同様、胸をゆるめるのです。

胸が上体の要所である、というのは、両腕の動きに直接的に関わってくる、という意味合いでもあります。相手の力に筋力で対抗して打ち勝とうとするならば、必然的に胸に力が入ります。ゆえに、胸をゆるめるというのは相手の力と衝突しないための必須要件です。

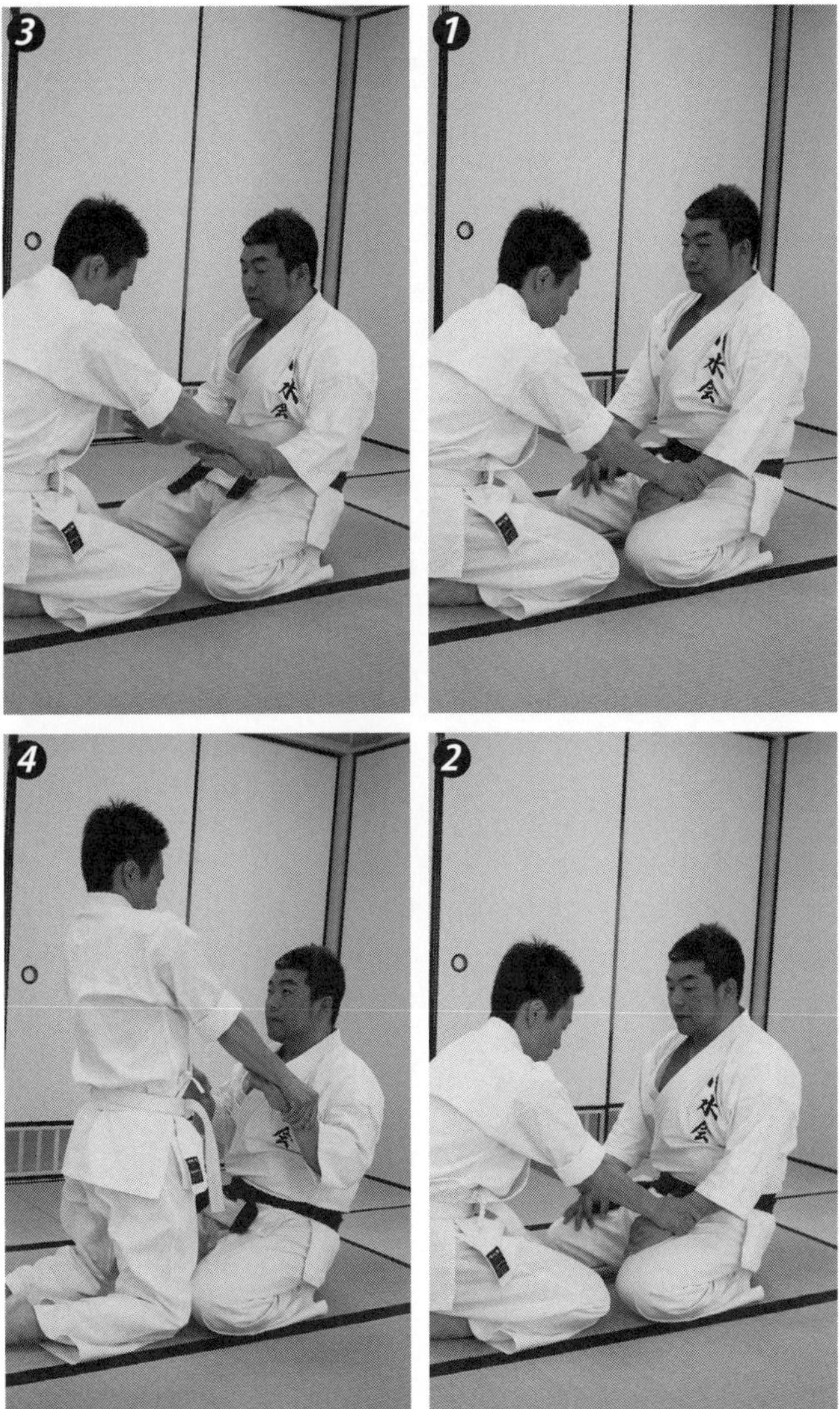

正座して、相手に両手首を押さえつけられた状態から差し上げる「合気上げ」。まず大事なのは押さえつけてくる相手の力と衝突しないこと。そのために〝胸をゆるめる〟操作が有効になる。

身体は「含胸抜背」の状態となり、見かけ上、少し背が丸まった感じになります。その状態から上げてみて下さい。これだけで上げることができる方、けっこう多いと思います。

実はこの時、身体の中であることが起こっています。それが上げられるようになった大きな要素の一つでもありますが、それは後述します。ここでスポットを当てたいのは、相手の力と衝突しないプロセスとして、こと腕や上半身に関するならば、胸をゆるめることが非常に有効、というよりは必須要件である、ということです。

もう一つ、合気の技をみてみましょう。

次ページ写真は、大東流などの合気系武術で技として行なわれている形です。

自分の片手を相手が両手でつかみにきたところをスッと投げ放ってしまうものです。達人臭がする技ですね。でも安心して下さい。達人にまで昇り詰めなければできない、という技ではありませんから。

この技は、自分の右腕に相手が両手でつかみ掛かってきます。こんな風に大東流や合気道には〝絶対不利〟に見える状態からの技が少なくありません。

腕力だけでは片手対片手だとしても勝てるかどうかわからないくらいなのですから、もうここでは力勝ちしようなんていう発想はハナから捨ててしまいましょう。

相手が両手で下へ押さえつけてくるのに、どうしてそれに反して片手で差し上げることができるのでしょう？　それはもちろん、相手の力と衝突させないからです。そのためにはやはり、胸をゆるませます。胸をゆるませない限りはどうしても対抗図式から逃れられません。

対抗図式でない状態にすることができれば、実は相手を動かすこと自体は難しくなくなります。相手が

自分の右手を相手が両手でつかんできたところ、瞬時に差し上げて崩し、投げ放ってしまう。相手の両手に対して自分の片手、という一見絶対不利に見える状況から技となせる秘訣は、もちろん腕力ではなく相手の力と衝突しない身体遣い。まず、胸をゆるめることが有効になる。

力まかせにくるほど、少し相手を動かしてやるだけで崩し～投げが成立するのです。

達人技のように、はたまた魔法のようにも見える技にも、こんな風にカラクリがあるのです。

つかまれたり、引っ張られたり、押し込まれたりするようなシチュエーションは、この〝胸をゆるめる〟ことができれば大概なんとかなります。と、言うほど簡単には思えないかもしれませんが、そんな方のために、ここで、技をかける側の身体の中で起こっているもう一つの秘密をご紹介しましょう。

そう、先ほどの「合気上げ」で後回しにさせていただいたアレです。

④ 〝胸ゆるめ～股関節〟は最強セット！

今一度、「合気上げ」です。

まず、胸をゆるめることによって、下方向へ押さえつけてくる相手の力と自分の力を衝突させないことが大切でした。それができれば、相手を動かすのはさほど難しくなくなっている、というのは先に記した通りです。

しかし、この「合気上げ」では、最初より相手の身体を持ち上げた状態になります。相手自身の力みもここに加担しているとはいえ、それなりに大きな力が出せなければ、このような格好にはできません。

座った状態であることも、なかなか難しい面があります。立っている状態よりも大きな力が発揮しにくい体勢であることは、誰でも実感的にご存知でしょう。

では、座っていると立っているよりも力が出しにくいのはなぜでしょう？　それは、座った姿勢だと〝腕

だけ〟の動きになりがちだからです。

お気づきですね。これが逆説的に、〝身体の中で密かに起こっていること〟の解答です。

最大限の力を発揮するためには、腕だけでなく、全身を〝ひと繋がり〟に発動できればいいのです。

具体的には、上体の体重を股関節に乗るようにしてやることです。これは、正座で両肩を押さえつけられた状態から立ち上がる例でも出てきましたね。

〝胸をゆるめること〟と〝体重を股関節に乗せること〟によって、全身を〝ひと繋がり〟に発動することができるのです。「合気上げ」は密かにこれをやっているのです。

胸をゆるめることを〝背中を丸めること〟と解釈していると、形の上では大差なさそうですが、それでは必ずしも股関節に体重をうまく乗せることができません。

〝胸をゆるめる〟が前方意識であるのに対し、〝背中を丸める〟のは後方意識。よってどうしても体重は後

胸をゆるめて自然に上体を前傾させた時、体重が股関節に乗って全身を〝ひと繋がり〟に発動できる状態になっている。

方へ流れやすくなります（次図参照）。

体重がきちんと股関節に乗るようにするためには、自分の股関節が体内のどの辺の位置にあるのかを認識できていることが大事だと、私は思っています。

自分の股関節がどの位置にあるのかを正確に把握している人は多くないと思います。なんとなく漠然とロボットのようなイメージだったり「脚の付け根だろ」くらいに思っていると、けっこう外側にあるよう

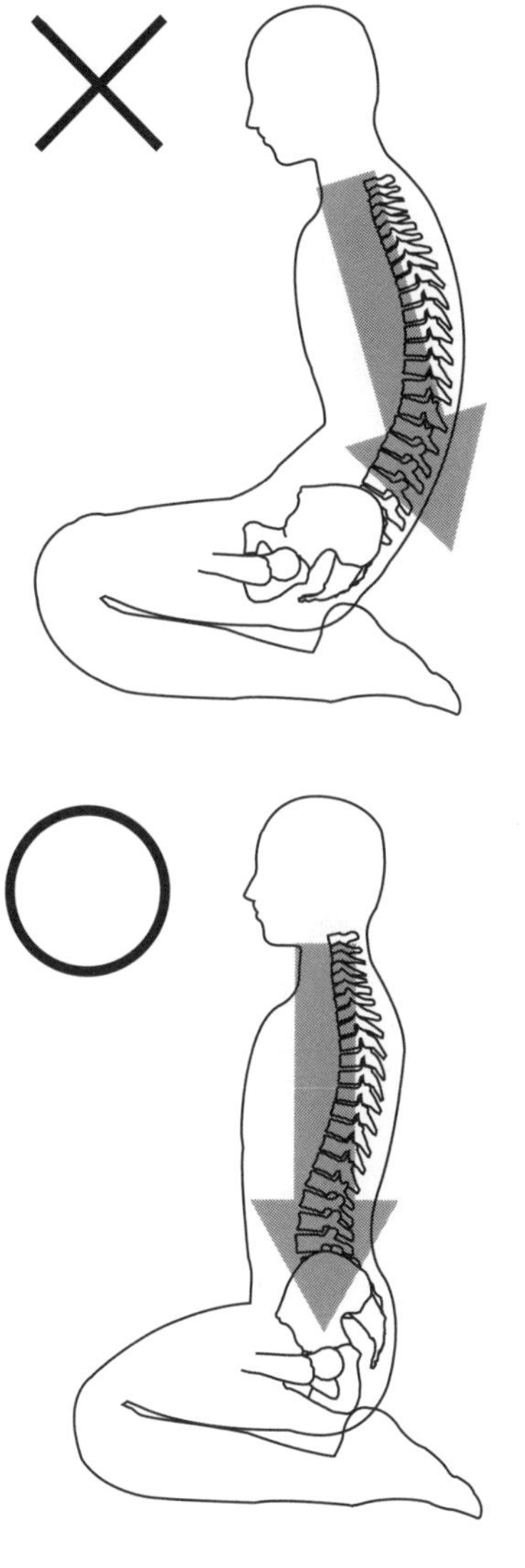

“胸をゆるめる”でなく“背中を丸める”と意識してしまうと重心が後方へ流れがちになり、股関節には体重が乗らない（上図）。正しく乗せるには、自分の股関節がどこにあるかを認識できていることが重要。

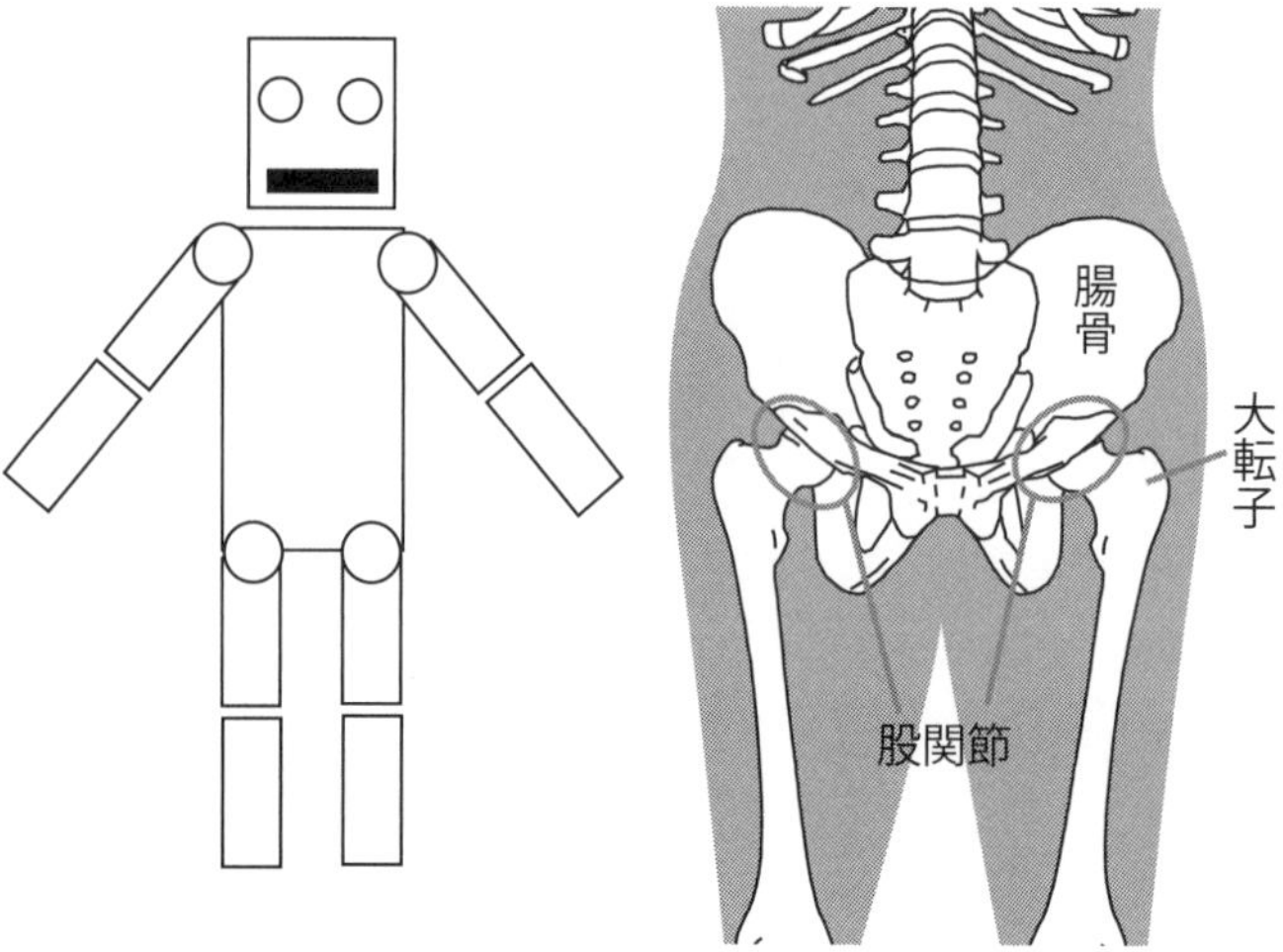

人間の身体を漠然とロボットのようなものと認識していると、股関節の位置を外腿の近辺、つまり実際よりも外側にあるかのごとく錯覚しがち。実際の股関節はけっこう内側にある。

に錯覚しがちです。自分の腿の外側から股関節が触れると思っている方、いませんか？　触れませんよ。

身体の側面を触って下ろしていくと、いわゆる〝腰骨〟に当たります。そこが腸骨のへリです。さらに下りていくと、腿の上の方で骨のでっぱりが確認できます。それが大腿骨の〝大転子〟と呼ばれるでっぱりです。股関節は、そこから内側、斜め上方向へ奥まったところにあります。

もちろん、これは座っている体勢だけの話ではありません。武術ですから、むしろ立って動いている中での股関節意識が重要になってきます。しかし、股関節がどの位置にあるかの認識があいまいだと、そこへ体重をかけることも、また股関節自体を動かすこともうまくいきません。

股関節を曲げる、と言ってもただ腿を動かせばいいというものではないのです。正しく股関節を働かせるために、よい方法があります。

腿の前側の付け根、いわゆるコマネチ（？）のあたりに〝紙一枚〟をはさむイメージで曲げるのです。

一般に股関節を実際より外側にあると認識して股関節運動を行なうとどうしても浅くなるのですが、これによって、深く、正しく効かせることができます。〝紙〟でなく、例えば手刀を当てるような方法も有効です。

股関節を深い所からきちんと曲げて効かせること、そしてそこへきちんと体重をかけることは、すべての武術において重要です。

例えば、空手の〝後屈立ち〟。これを「後ろ足重心でちょっと膝を曲げる」くらいに認識していると、な

前側の腿の付け根あたりに手刀を当てて、それを挟み込むような意識で身体を折ると、深く、正確な股関節意識をもって曲げられる。

空手の〝後屈立ち〟

太極拳の套路における第一動作〝起勢〟

かなか正しく立てません。膝を曲げれば当然股関節も動く訳ですが、そこが無自覚な人が少なくないのではないかと思います。きちんと股関節に体重を乗せられていないと、方向転換もスムースにできません。小さな動きほど、侮ってはならないのです。太極拳の套路では、最初に〝起勢《チーシー》〟という、ちょっと腰を落とすような動作を行ないますが、これとて同じです。こういった型稽古を実戦の予行練習と考えていると、なかなかこういう所に意識がいかないと思います。でも、先に述べたように、型稽古とは、「クセ」をとるためのものです。〝自分がやりたいように適当に〟動くのではなく、こういった細部に意識を配しながら、動きにくいなと感じたとしてもそれをていねいに繰り返してみて下さい。かならず身になるはずです。

⑤ 3つのポイント

実は、私たち心水会がさまざまな種類の動きを追究していく中で、共通して存在する重要なポイントが3つあります。

1　胸をゆるめる
2　股関節に体重を乗せる
3　肘を抜く

この3つのうち2つをすでに本章で紹介してしまった訳ですね。もう一つは次章で触れたいと思います。

〝胸をゆるめる〟と〝股関節に体重を乗せる〟は、この2つだけで〝全身を繋げて遣うための〟根幹をなす要因です。これらがかなうだけで、もはや大半の動きは合理的にできるようになる、と言っても過言で

1　胸をゆるめる

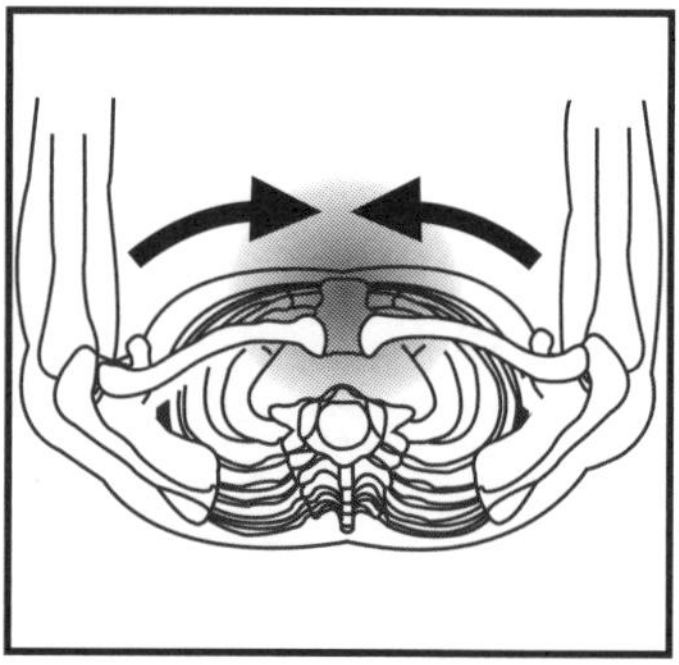

2　股関節に体重を乗せる

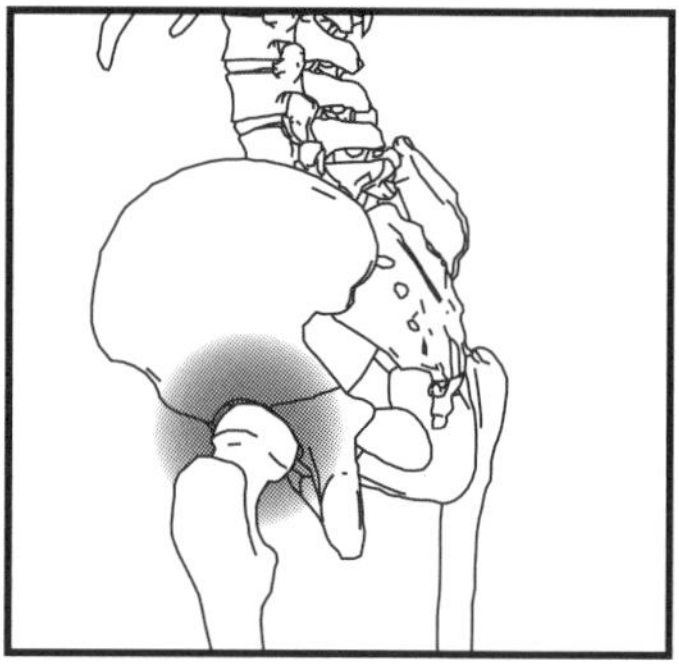

3　肘を抜く

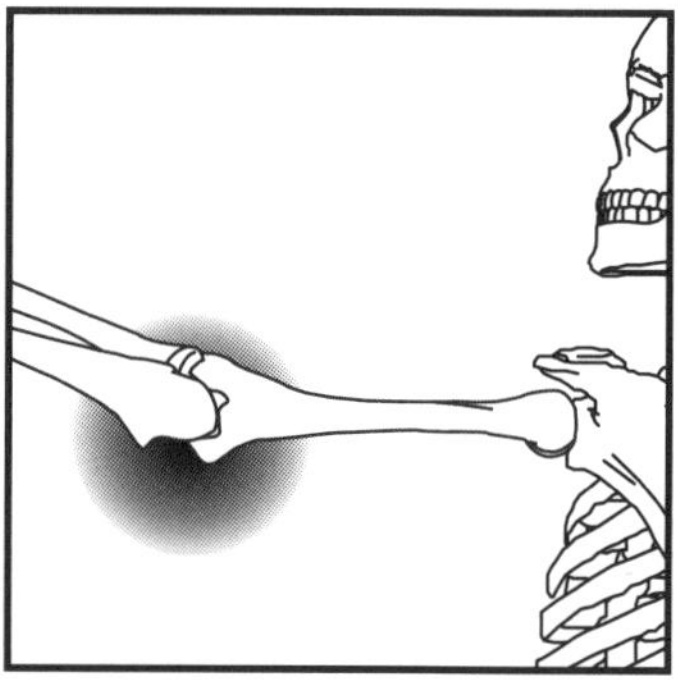

はないでしょう。

しかしながら、とくに移動の中で実現しなければならない〝股関節に体重を乗せる〟という事項は、なかなか容易でない面もあります。トレーニング方法も含め、もう少し詳細に探っていきましょう。

⑥ 股関節の重心移動

まず、再び序章でご紹介した、両手を押さえつけられた状態からの抜刀動作を振り返ってみていただきたいのです。今度着目したいのは手ではなく、足の運びです。

思いっきり押さえつけられているのに、なぜ相手を後ろに弾き飛ばすような勢いで一歩踏み出すことができたのでしょうか？

脚自体の筋力を力ませて稼働させる……のではない点は手と同様です。競輪選手くらいの脚力があったら、もしかしたら力づくでやってのけられるかもしれませんが、正座状態からの立ち上がりは、踏ん張って力が出せるほど甘いものではありません。

ここで行なう操作は、まず上体の体重を両股関節に乗るようにし、次にその体重を左股関節に寄せるのです。これによって右股関節がフリーになりますので、左股関節に乗った全体の重心を前方へ送り、その体幹の動きにつれてフリーになった右足を送り出せばいいのです。足は自然に出てしまう、といった感じです。

これが実は、武術の歩法の基本となっている〝股関節の重心移動による歩み〟です。脚の筋肉はそんなに使わないのです。短距離選手の発達した大腿筋を想像すると、信じられないかもしれませんね。でも、身体を前に進める方法は〝脚力で体幹を前方へ押し出す〟だけではないんですよ。

武術での歩法は「地面を蹴らない」のが特徴です。現代剣道では床を蹴って瞬発的に飛び出すような動きも行ないますが、剣

両股関節に乗せた体重を左股関節に寄せる。これによって右足をフリーとし、左股関節に乗った体重を前に移動させながら、その動きにつれて右足を踏み出す。移動の原動力は脚力ではなく、〝重心移動〟だ。

術では、それは行ないません。なぜなら、瞬発的な動きはどうしても変化性に難があるからです。走り幅跳びのように遠間から飛び込むように打ち掛かっていったとします。その途中で相手の攻撃を察知したら、右や左に変化することができるでしょうか？　あるいは着地した瞬間はどうでしょう。着地した瞬間とは、体重以上にもふくれあがっている瞬間的な移動力を、急ブレーキをかけるように相殺しようとしている瞬間です。100キロで走っている車が咄嗟に人がいるのに気がついて急ブレーキをかける、なんていう時、車は〝止まるので精一杯〟の動きになります。とても〝変化〟などはできません。

変化しにくい状態に陥ることを、武術では「居着く」と表現し、忌避します。たとえ一瞬でも、「居着く」瞬間がないように苦慮してきたのが武術です。その一瞬に、自分に刀が振り下ろされたら、それだけでおしまいなんですから。

結果として武術は、（脚力を使わないから）さんざん繰り返しても疲れない、そして、（身体全体の重心移動なので）末端筋力によるよりはるかに強い、かつ速い、という、ほとんど奇跡のような操法を確立させたのです。いや、奇跡のように感じるのは、末端筋力による運動システムになれすぎてしまったせいですね。筋力アップによって運動性能を上げよう、という考え方の方が後発ですが、そもそも人間は、あるいはすべての動物というものは、自然にその肉体を最大限、最大効率のシステムで動かそうとするようにできています。人間本来の自然な運動システムを、武術は再び取り戻すことに成功した訳なのです。

さて、そんな武術歩法ですが、原理的にはそれほど難しいものではありません。ちょっとやってみましょう。

前後に足を開き、後ろの足首を誰かにつかんでもらいます（次ページ写真参照）。そして、普通に後方の前後に開いた脚の後ろ側をつかんでもらう。それをものともせず、前に踏み出すことができるか？ 脚力を使わず、股関節に乗せた重心移動を使えば〝力比べ〟とはならず進むことができる。胸をゆるませることも〝全身一体稼働〟のために非常に重要。

足を前に出してみて下さい。

どうでしょう？　動かせなかった場合は胸をゆるませてあげます。

それでもうまくいかないという人は、ちょっとこんなことをやってみて下さい。階段を昇る動作にこの股関節の重心移動のヒントがあるのです。

階段を昇る時、いつものように昇って下さい、と言われたら、大体の人は脚力を使って昇ると思います。他に何を使って昇れってんだ、って言われますねきっと。昇り続ければ腿の筋肉が疲れてきます。

では、もう一つの昇り方です。股関節に手刀を当てて意識し、体重をきちんと股関節に乗せることができたら、それを左↓右↓左↓右、と切り替え、その中で前方へ上体を倒すようにしながら重心を前方へ送りつつ、重心が乗ってない側のフリーな足をスッと送る、というやり方で昇ってみて下さい。馴れていなくとも、ゆっくりならできると思います。

いかがでしたか？

写真と文章だけではなかなか実感することは難しいかもしれませんが、ぜひ実際にやってみて下さい。股関節の操作で階段を昇る方がラクに脚を運べる感じがしたかと思います。つまり、「股関節を用いて重心移動をした」ということになります。

最近では、このことを「股関節の意識化」と呼んでいる方が多数おられます。まさに無意識状態だった「脳と股関節の回路」を浮き彫りにし、そこを意識化しながら訓練を重ねることでその性能を上げていくのです。場所を正確に知らない人も多いくらいの部位ですから、確かに意識化したら劇的な変化がありそうです。

では、先ほどの足首をつかんでもらった例に戻ります。階段昇りに比べれば簡単じゃありませんか。平

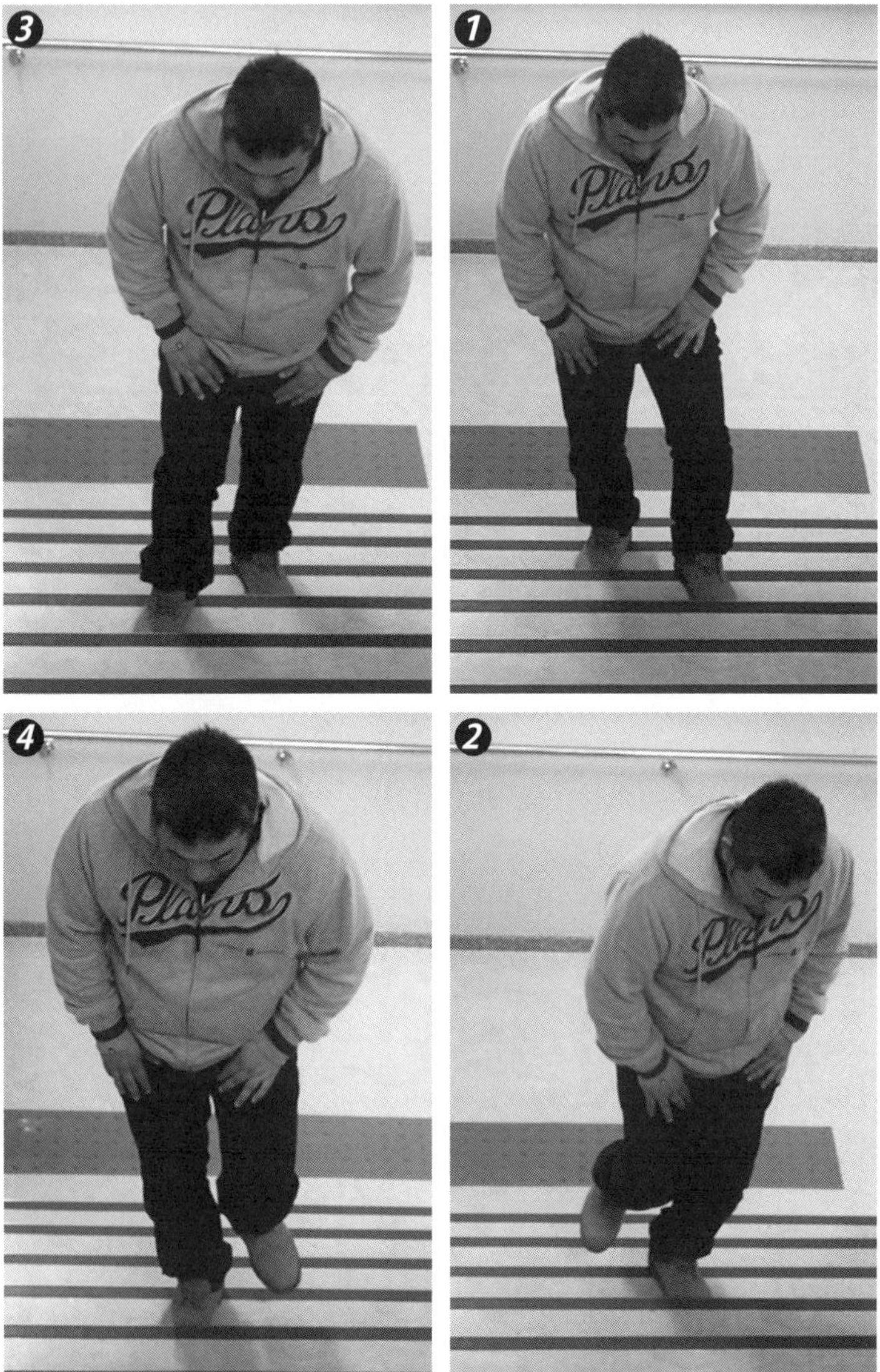

階段も"股関節の重心移動"で昇ることが可能。大腿筋稼働が最小限なので、疲れない！

らなんですから、足もスッ、スッと送りやすそうなイメージです。問題は誰かに足首をつかまれている、ということころですね。

この場合、相手との接触点となっている足首をなるべく意識せず、そのためには……そうです！胸をゆるませるのでしたね。。そして、階段を昇る時と同じように、前側の股関節に重みを乗せる感覚で重心移動を行ない、後ろ足を地面から引き抜くように持ち上げて足運びを行うことにより、つかまれた足首を動かすことが可能となります。これはぜひ、つかむ側も体験してみて下さい。なぜ持って行かれてしまうのかが感覚的にわかると思います。違う次元の力に持って行かれてしまう感じ、だと思います。

これが俗に言う、「蹴らない足運び」というものになり、このことが、上半身と下半身（全身）を一体化させて動かすという、武術的な動き・足捌きへと変化していきます。

上半身と下半身がひと繋がりになっている、という点は武術において非常に重要です。それは、いつどの瞬間にでも、大きな力が発揮できる状態にある、という点です。足を上げた直後であろうが、足を踏み出しているちょうど中間地点であろうが、着地した瞬間であろうが、どの瞬間にでも相手の攻撃に対処したり、あるいは瞬間的に垣間見えたチャンスをとらえて攻撃をうったりできなければならないのです。上半身と下半身がひと繋がりになった状態で動いていれば、いつでもそれはかないます。

と、さも高等技法のように述べておいてなんですが、これとて、やはり人間が本来やっている〝自然な動き〟の一環にすぎないのです。

普段普通に歩いている時、ご自身の重心と足の筋肉稼働を自己観察してみて下さい。体重を片側股関節に乗せ、その逆側のフリーになった足を、何をがんばるでもなくスッと前に送る、ということを当たり前にやっているでしょう。でもそれが、ちょっと急ごうとしたり、階段を昇らなきゃ（身体を上に持ち上げなきゃ）と思ったり、足をつかまれたりするだけで、とたんに悪い方の意識がもたげてしまい、無駄な筋肉稼働を始めてしまいます。それほど、〝意識〟は罪深いものなのです。

⑦ 骨盤の使い方

胸をゆるめることと、股関節に体重を乗せること、これだけで、全身は繋がります。歩くことによる重心移動は「全身一挙に」ということになりますので、大きな力になります。これだけで技になる、と言ってもいいいくらいです。

相手が胸をつかんできます。あなたはそんな大それたことをする必要はありません。まず、胸をゆるめます。そして股関節にしっかりと体重を乗せるようにして一歩踏み出る。これだけで相手は腰からもっていかれます。どうですか？　もはや〝技〟でしょう。

これは、これだけの動作だからこそ上手くいく、という側面もあるのです。本当は全身を繋げて使うだけで技になるはずなのに、余計なことをしようとするばかりに、全身が繋がらない。結果として技にもならない、ということに得てしてなってしまうのです。

〝技〟と聞くと、何だか複雑高度なことをやりたくなってしまいませんか？　少なくとも、〝技〟とは皆さんの中では能動的・積極的にかけていく印象のものでしょう。

例えば52ページの写真のように、相手を投げてとろうという形。形としては「一本背負い」ですが、運

胸をつかんできた相手に対し、胸をゆるめ、股関節に体重をしっかり乗せるようにして一歩踏み出る。これだけの動きが、相手を腰から崩すほどの力を生む。

相手を巻き込むような回転運動をしようとするあまり、骨盤の左側を固定化してそこを中心に回転させようとしてしまう。結果として全身は連動しない。

動として単純化して考えます。やりたい運動は相手を巻き込むように全身で〝振り返る動き〟です。回転させよう、と思うあまりやってしまいがちなことがあります。それは、骨盤の左側を固定して、そこを中心に回転運動をさせようとしてしまうことです。これは結果として全身が繋がらない、偏った動きになります。

そもそもしたいのが〝振り返る動き〟なのに、どうして左側を固定してしまうのでしょう。それは、「右側を持っていこう」という意識が強すぎるからです。相手がいるのが右側ですから、無理もないのです。でも、

サンチンの骨盤操作

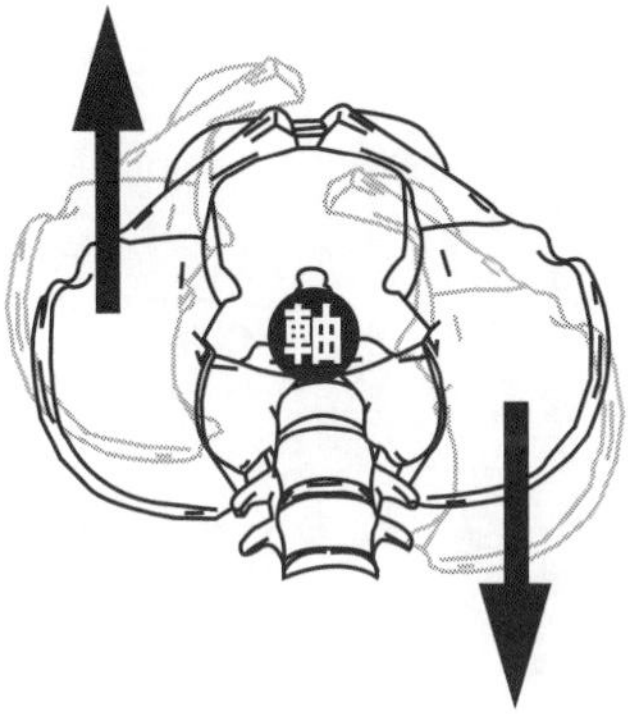

左側を固定する回転操作

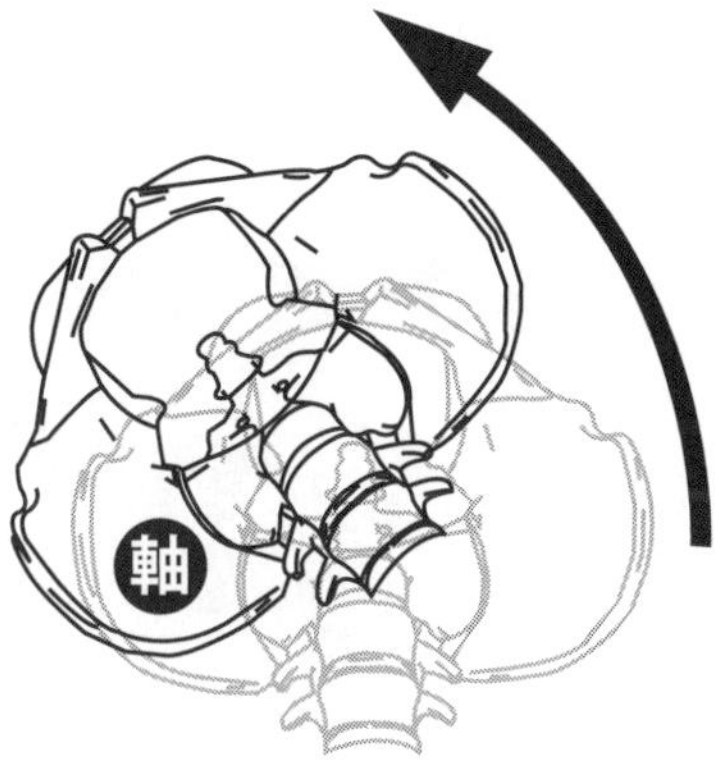

そう意識するばかりに不自然で非効率的な動きをやってしまうのです。そして、そこから脱却するために型はあるのです。

次ページの写真は、那覇手系空手の鍛錬型「サンチン」です。その中の振り返り動作の部分ですが、ここで骨盤にある操作が求められます。それは振り返った瞬間に、上図のように左側を前方へ、右側を後方へ、結果として〝開く〟ような操作です。

左足を動かさない180度ターンですから、骨盤左側を固定化して、全体をよっこいしょと回転させる動きになりがちなところです。でも、軸はあくまで中心、骨盤両側を連動させたコンパクトな振り返り動作になります。

この操作はサンチン特有のものという訳ではありません。例えば、剣術において前後に連続して斬る、という時の操作はまったく同じです。要は全身が協調して一気に動き、かつ無駄なくコンパクトな動作、を求めるのが武術なのです。

サンチンの振り返り動作。左足を軸にして全体を大きくぐるっと回すような操作をしようとしがちだが、実際には軸を中心に置き、振り返りつつ骨盤左側を前方へ、右側を後方へ、〝開く〟ような操作を行なう。

剣の前後振り動作。ここでもサンチンと同様の、骨盤を前後に開く操作が行なわれる。

サンチンの〝骨盤を開く操作〟を投げ技に応用すると、自然に全身が繋がった動きとなり、相手を腰から動かすような力が生まれる。

この振り返り操作をそのまま投げに応用してみれば、決まります。自然に全身が連動し、結果として生まれる動きは末端でぶつかることなく、相手を腰から動かすような力を生みます。とりたてて特別な技術が身に付いたという訳ではありません。それが本来の動きだった、というだけです。

人間はそもそも、全身を繋げて動くようにできています。しかし、何か余計な意識をしてしまうと、非効率な動きになってしまうのです。

さて、この次は、ある意味最も〝意識〟してしまいやすい部位かもしれません。

骨盤を前後に開く操作の練習方法。前足の膝を押さえてもらって、そこへ力を発する。膝だけを突き出そうとしても止まってしまう（右列写真1〜2）。相手を弾き飛ばすほどの力を生み出すには？　骨盤を開く操作を併用するほかにない。

普段最もよく使う〝手〟に直結し、自身の目にも止まりやすいので意識もしてしまいやすい、私が掲げる3大ポイントのうちの最後の一つ、〝肘〟の話です。

第2章

“伝わる力”を生み出すコツ

――肘を抜く

① 肘を抜く

最初の章であげた〝ハエを追い払う〟例を思い出してみて下さい。「1　ただハエを追い払う」だけが正解で、「2　〝速く手を動かそう〟と意識してハエを追い払う」のと「3　両手首をつかまれた状態から、ハエを追い払う」はロスが生じてしまう、ということでした。

「3」はそもそも〝ロス状況下〟にあるような前提なのでまだしも、なぜ「2」がいけないのか、いまだ納得いかない方もいらっしゃるのではないですか？

本章では、どう腕を動かすべきだったのか、何がいけなかったのか、ポイントを絞っていきましょう。

まず、「〝速く手を動かそう〟と意識してハエを追い払う」動作を実際にやってみて下さい。

もしかしたら、その時のあなたの肘、ビーンと伸び切っていませんでしたか？

「それが一番遠くまで手が届くんだから仕方ないじゃないか！」と思ったあなた、ハエがどの距離にいるなんて、決まってましたっけ？

おそらく、目一杯手を伸ばさずとも届く距離にハエがいたとしても、結果は同じだと思います。肘がビーンと伸びきっているのは、肘に力が入っている証拠です。

物理的に考えてみて下さい。もし伸ばす必要のない所まで肘を伸ばしてしまっているとしたら、その動きは間違いなく無駄な動きですよね。時間的に言ってもです。

肘は、手で何かをしよう、とする時に非常に力んでしまいがちな所なんです。

「1」の〝ただハエを追い払う〟時は腕全体は余分な力が抜けて、手先の方に力が入ることなく動かしていませんでしたか？　〝意識してなかったからよく覚えてない〟かもしれませんね。意識してやらない限り、肘がビーンとは伸びないもんです。

そして、ハエを追い払おうとするインパクトの瞬間に初めて、力感が生じたことと思います。試しに目一杯力んだ状態を作って、その状態で腕を動かそうとしてもらえますか。どうでしょう？　非常に窮屈で動かしづらいということを認識していただけるかと思います。

咄嗟にただハエを追い払おうとする、この時に人間は最速最強の動きを自然にします。

この自然な動きに基づいた動作が、パンチを打つ時によく言われる、『リラックスさせて、インパクトの瞬間に握りこむ』というセオリーになります。

では今度は立った状態、座った状態、どちらでも構いませんので、両手を太ももに置いて（ここ、ポイントです）正面を向いてください。そして右側に首を回し、頭の側面両手を太ももに置いた状態から、頭の側面にある物体にただ、触る。何の負荷条件もない〝自然〟な動き。この時の腕は、自然に「くの字」になっている。

にある何か（カーテンでもぶら下がった衣服でも、電気のスイッチでも何でも構いません）に、つかまったり、触れたりしてみてください。そして、何回かその動作を繰り返したら、その動作の途中で動きを止めて、肘と手先がどのようになっているか観察して下さい。個人差があるでしょうが、肘が曲がって「くの字」を形成していませんでしたか？

そしてもう一度、ただハエを追い払おうとする腕の動きをもう一度何度か行なって、同じように途中で止めてみてください。

どうですか？　同じように肘が曲がって「くの字」を形成している段階があることに気付かれるかと思います。

そして、この「くの字」になっている時の腕の感覚を味わってください。個人差はあると思いますが、その時は肘に余分な力が入っていないことを認識してもらえるかと思います。

この、肘が「くの字」になって余分な力が入っていない状態を〝肘の抜き〟と呼び、この感覚を体得することで技と術の世界へと展開できることから、心水会では大変重要視して稽古しています。

まずは人間本来の自然な動きというものを考えてみると、無意識下において腕を伸ばすという動作をする場合には、自然に肘が「くの字」に曲がって、手先には余分な力が入っていない状態になります。

では今度はグラス、またはペットボトルなどをテーブルにおいて、それを手に持って口に運ぶ動作を行なってみて下さい。何回か繰り返し自然に動かしてみましょう。あくまでも〝自然〟にやって下さい。〝自然〟にやろうとあまり意識すると〝不自然〟になるかもしれませんけどね。

どうでしょうか？　やはり同じような「くの字」になっていませんでしたか。

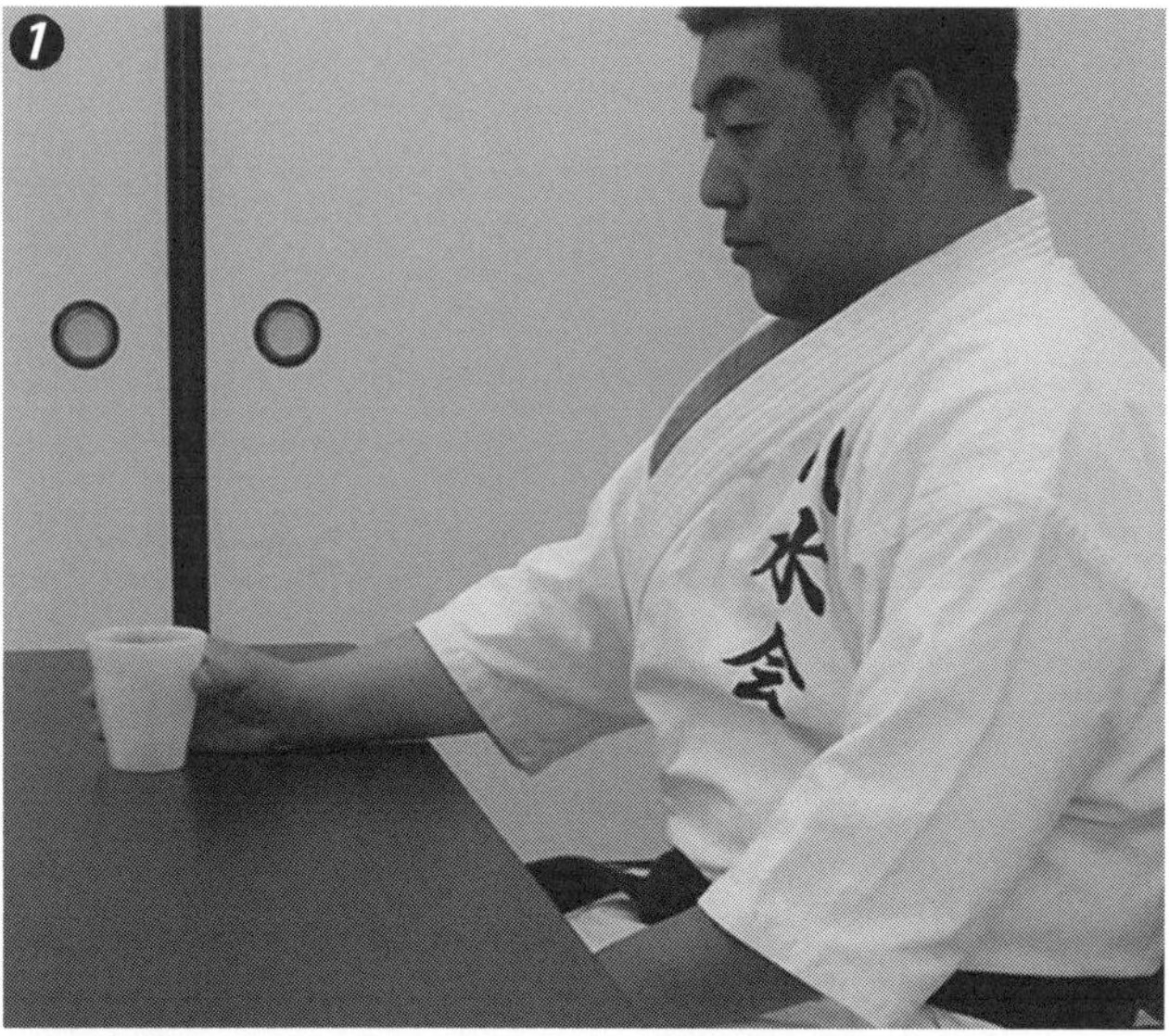

テーブル上のコップをただ、口に運ぶ。この時の腕の状態はやはり「くの字」。必要がないから、肘を伸ばそうともしない、曲げようともしない。これが本当の意味で〝自然〟な腕の状態だ。

では、もう少し〝肘の抜き〟の感覚を体感してもらうために今度はわざと肘に力を入れてその動作を何回か行なってみて、その後に自然な動作で行なってみてください。なんとなくですが、肘がスッと抜けるような感覚を味わっていただけたかと思います。

つまり、腕を伸ばす以外でも、物を引き寄せたり、さまざまな腕の動きの中には〝肘の抜き〟が行なわれているんですね。「くの字」の形はキープされてる訳だから、まったく筋肉を使ってないブランブランの状態な訳じゃない。でも、無駄な力は一切入っていないという、絶妙な状態です。絶妙とは言いながら、誰もが自然にやっていることなんですけどね。

ところが何かしらの負荷がかかり、変に意識して行うことで、この抜けがなくなってしまうんです。武術などというものは、手でやらなきゃならないことだらけで、しかもそれは大概〝敵〟が対象となっている、負荷だらけの状況な訳です。刀で斬りつけるのだって、殴られるのを受けるのだって、そりゃ、意識します。もう、武術というものは、肘に力が入ってしまうのが宿命づけられているようなものなんです。だから、この肘を抜いて、最高の状態の腕遣いとするためには、ほとんど〝執念〟と言ってもいいくらいの心血が注がれてきました。

この章ではそんな〝肘〟にまつわるさまざまな修練法をご紹介していきたいと思います。

② 〝肘を抜く〟感覚をつかむ

今さらではありますが、「肘に力を入れる」という感覚、わかりますか？というのは、筋肉ならば力も

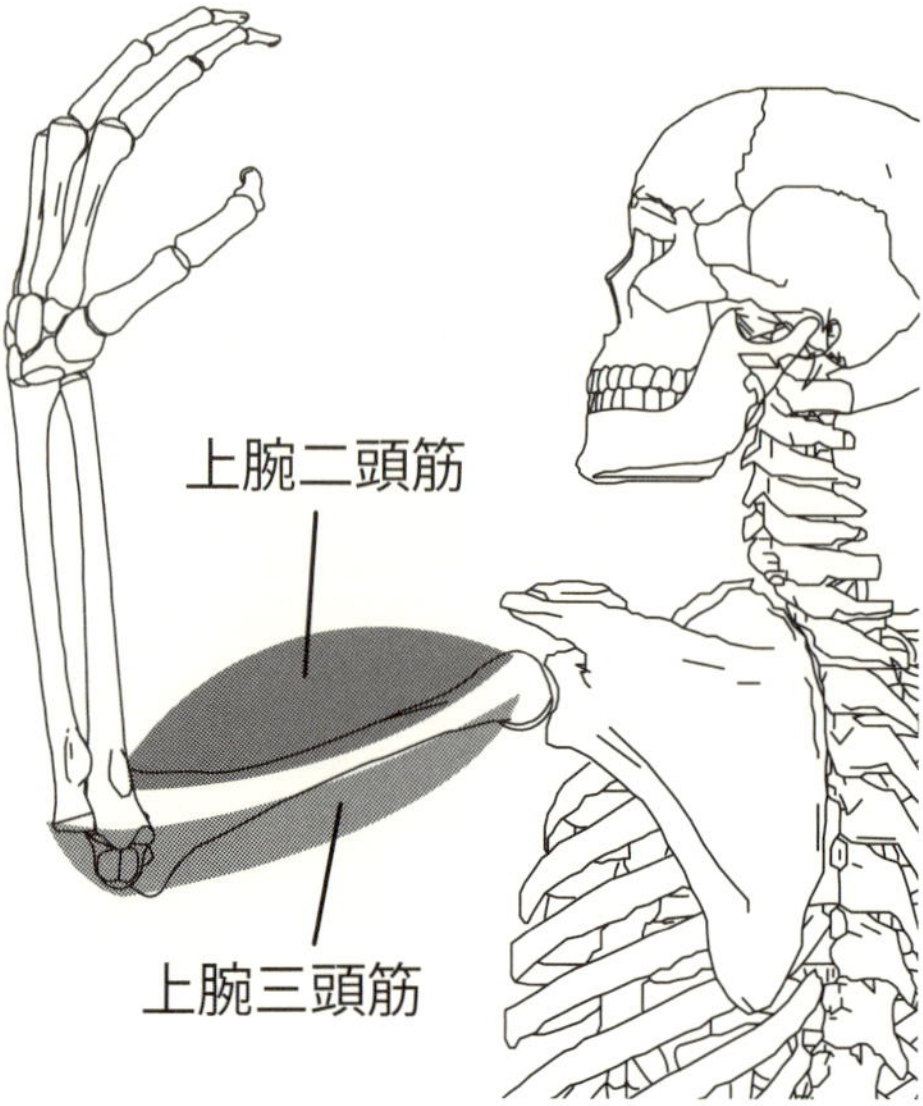

肘に関与している筋肉はおもに上腕二頭筋（肘を曲げる）と上腕三頭筋（肘を伸ばす）の2つ。

入れられようものですが、肘は〝関節〟ですからね。骨に力を入れる、という感覚も、よくわからないかもしれませんね。

肘に関与している筋肉はおもに2つあります。肘を曲げる時に働く上腕二頭筋と、肘を伸ばす時に働く上腕三頭筋です。肘に力が入っている、肘が固まっている、という時は、この筋肉のどちらか、あるいは両方が稼働しています。

腕にある最も大きな筋肉2つが関わっている訳ですから、腕の働き自体に大きな影響を及ぼすのも、納得いただけるのではないでしょうか。

ここで〝余分な力が入る〟ということについて、少し考えてみたいと思います。

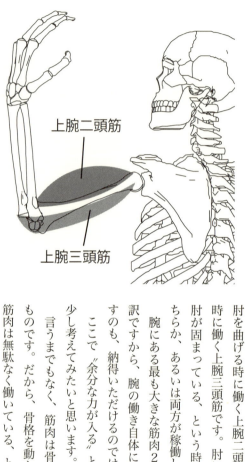

言うまでもなく、筋肉は骨格を動かすためのものです。だから、骨格を動かしている限りは、筋肉は無駄なく働いている、と言えますよね。

しかし人間は器用にも、〝骨格が動いていない〟にも関わらず筋肉は稼働している〟という状態を作り出すことができるのです。その一つが拮抗筋の同時稼働です。

肘を曲げる上腕二頭筋と肘を伸ばす上腕三頭筋を同時に働かせたら、肘はその状態から曲がる方向にも伸びる方向にも変化しない、要するに止まった状態になります。大きな筋肉2つが一所懸命働いているにも関わらずです。これは結果としては、〝どちらの筋肉も働いていない〟のでも同じになります。要するに無駄、ということですね。

例えば、「オレがお前の肘を力ずくで伸ばそうとするから、伸ばされないようにしてみろ」と言われたらどうしますか？　伸ばす力に対抗するには上腕二頭筋ですが、まだ、伸ばされようとはしてません。〝予告〟を受けただけですから。でも、とりあえず、ギュッとしますよね。本来は、されてもいない力に対抗する筋肉を稼働させる、なんて、無駄の極みです。おそらく数多《あまた》いる動物の中でこんなことをやってしまうのは人間だけだと思うんですが、とくに器用な〝手〟に関しては、得てしてこういう無駄を無自覚のうちにやってしまうのです人間は。

ということをまずは知っておいて下さい。もしかしたら、今のあなたの肘、無駄な力が入っていませんか？

……よくわからない、という方が多いはずです。

無駄な力みが生じているもう一つの特徴に、連動性が失われる、ということがあります。

人間の身体は、そもそもひと繋がりになっています。皮膚のみならず、骨格だってひと繋がりだし、筋肉だって人間が便宜的に「○○筋」だなんて区分けして名称付けしただけであって、バラバラに存在しているものではありません。

だから、本来人間の身体というものは、部分的に動かすことの方が難しいのです。右手を動かせば背中

〝肘を抜く〟操作の基本形。幽霊手のように手を上げていく。肘先導ながら、肘自体には力を入れないように。すると〝肩甲骨〟から上げざるを得なくなる。

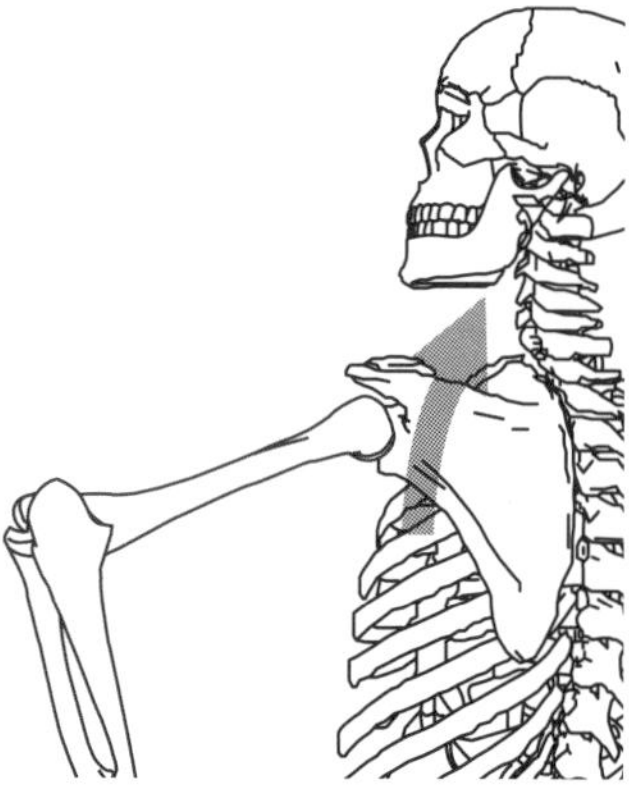

も動くのです。ひと繋がりですから自然に動きは連動します。でも、例えばこの場合、右手から背中にかけての過程のどこかで〝力み〞があって固まっていると、そこで連動性は遮断されます。手先だけの筋肉を使って手先だけしか動かない、というようなさみしいことになります。

まずはその連動性をうまく活用しながら、〝肘を抜く〞感覚を体感してみましょう。

両腕をだらんと下げ、手首に力が入らないよう常に指先が垂れ下がった幽霊手の状態に維持しながら、肘主導で上げていきます。要するに肘から上げていくのですが、肘自体には力が入らないように注意します。

肘から上げろというのに肘に力を入れるな、なんて難しい、と最初は思うかもしれませんが、肘を上げるのにそもそも肘に力を入れる必要なんて、ないのです。

馴れないうちはどうしても肘に力が入ってしまいます。なんとなくぎこちない、意識的な動きになりますから、きっとわかると思います。そう感じたら、その力を抜こう抜こうとやっきになるよりも、〝肘の力感を溶かす〞ような感じを目指してみて下さい。自然に無駄な力が抜けてくると思います。

無駄な力が抜けてきたら、また、自分の身体を自己観察してみて下さい。

肘を固めていた力みはとれてきました。その力みはおもに上腕部のものです。なんとなく、肘を持ち上げるには腕の筋肉を使わなければならない、というイメージがあったかもしれませんが、それ自体が崩壊しました。では、どうやって上げたらよいのでしょうか？

さっきまではあまり動いていなかった部分が動き始めてきた事に気付きませんか？

それは、肩甲骨です。腕自体には力を入れないで肘を上げようとすると、自然に〝肩甲骨から〞上げざるを得なくなるのです。身体が連動性を取り戻し始めました。

この、腕と肩甲骨の連動性向上は、〝肘を抜く〟ことによる大きな恩恵の一つです。肩甲骨が動くか動かないかでは、何をするにせよ腕のパフォーマンスは格段に違ってきます。

一つ検証を行なってみましょう。

まず、次ページの写真のように相手に腕をつかまれた状態から腕を引いてみます。当然、普通に引こうとしてみても力がぶつかり合ってしまいます。次は正座の時と同じように胸にくぼみを作ることによって胸をゆるませます（自分へ意識を還す）。そして「肘の抜きと肩甲骨の連動」を用いて腕を引くと相手の身体ごとこちらに引き寄せることができます。

これ以上解説することがない、というくらい、やりたい事は簡単なのです。無駄な力みがなければ腕の動きは自然に肩甲骨と連動する、それができればいいだけですから。

しかしながら、この肩甲骨という骨、最近とみに注目されていることから逆説的にわかるように、多くの人が動かせなくなっている部位なのです。

どんな人でも自然に〝連動〟できてしまう、そんな動作を一つご紹介します。

トレーナーやロングTシャツなどの長袖の服を着てみてください。次にそのまま服を脱いでください。

「チッ なんだよ！着たり脱いだり面倒くせーなー」と、文句を言いながらも素直にやってしまったそこのあなた。あなたのその素直さは武術を修得するうえで大変重要なことなので大切にしていってくださいね。

で、お手数ですが、またもう一度、服を着て、脱いで、という事をしてもらいたいんですが、今度は服を脱ぐ時に、袖から腕を引き抜く時の肘と肩甲骨の動きを意識してやってみてください。どうですか？袖から引き抜く時に肘をたたんで抜いてるかと思います。この「肘をたたむ」動作（感触）がまさに「肘の抜

相手に腕をつかまれた状態から、引っ張り込めるかの検証。つかまれた手首に力を入れても、肘に力を入れてもだめ。まず胸をゆるめて、肘に力が入ってきたらそれを“溶かす”ような意識で解消しつつ腕を後方へ持って行くと、自然に肩甲骨と連動した動きとなり、相手の身体ごと引っ張り込むことができる。

長袖の服から袖を抜く時、誰でも力みなく〝肘の抜き〟と〝肩甲骨との連動〟を自然にかなえている。服を脱ごうとする時に力んで身体を固めようという人はいない。誰でも〝ゆるんで、小さくなろう〟とするところがミソ。

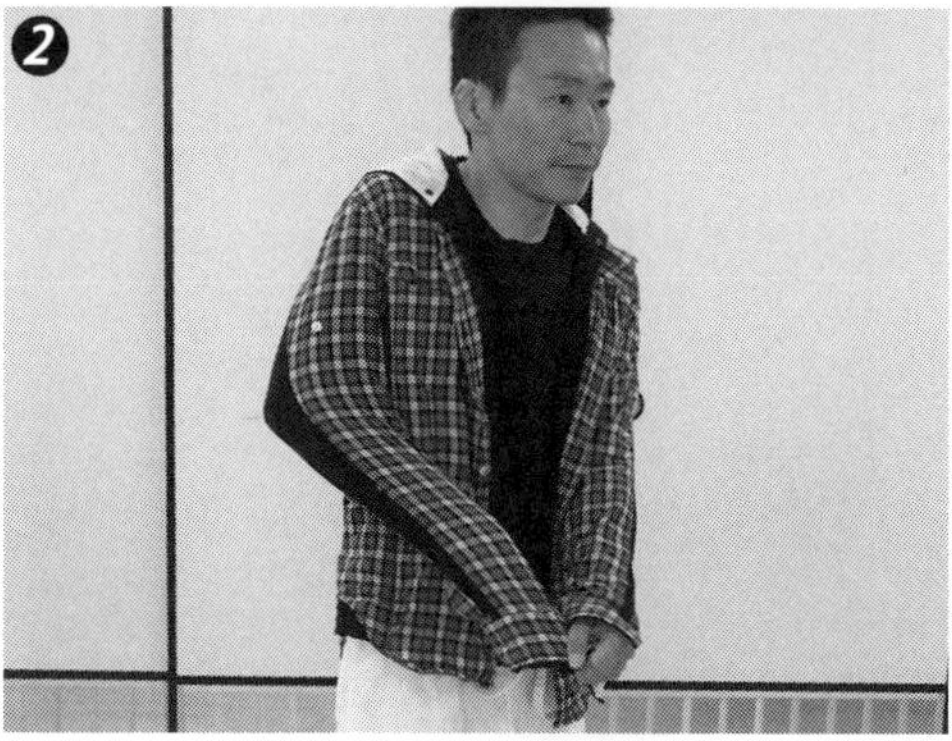

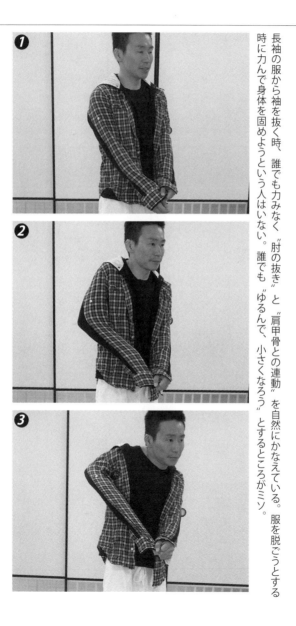

き」となります。人は〝肘を曲げよう〟と意識するとどうしても上腕筋に力みが生じがちなんですが、見かけ上同じにもかかわらず、服を脱ごうとする中での肘をたたむ動作を力んでやろうとする人はいません。胸を張ってやろうという人もいないはず。自然に誰もが胸をゆるめているはずです。

そして、肘をたたむ動作と同時に、やや肩が挙がり気味になり〝肩甲骨を使って腕を引いていること〟が感じられると思います。これが「肘の抜きと肩甲骨の連動」ということになります。これを相手に手首をつかまれた時に「胸をゆるめる」と併用して行うと引き付けることが可能となります。

肘を抜く感覚、つかめてきたでしょうか?

肘が抜けているかいないかの差は、外見上は本当に微々たるものなんですが、馴れてくるとけっこう違っているのに気が付けると思います。

肘や腕の角度がどうこう、という形ではなく、動きの質が違うんです。ぜひ、ご自身のさまざまな動きを鏡でご覧になりながら、やってみて下さい。パートナーがいるなら、互いに見たり見られたりしてみて下さい。肘を抜かない動きがいかに固いものだったのか、驚くと思いますよ(74~75ページ写真参照)。

ここであげた、腕を下から引き上げつつ後方へ持って行く動作では、注目ポイントはそれぞれの写真3コマ目から4コマ目の流れです。はじめに〝抜けていない〟方の動作をみても、「何の問題もないじゃないか」とお感じになると思います。でも、肘を抜いた動きの方をご覧いただいてから改めて抜けていない方の動きを見ていただくと、微妙な窮屈さがあったことにお気づきになると思います。

腕の角度とか肩の上がり具合とか、そういう〝形〟を見比べるのでなく、ぜひ頭の中で補って動画的に見てみて下さい。この辺、本の読み方というものの新たな提案でもあります。無謀な挑戦……ではないで

肘が抜けているかいないかの違いを、その動きの質から検証。こちらは肘が抜けていない動き。

こちらが、肘を抜いた動き。写真3〜4にご注目。肘を後方へ引く動作が、自然でスムースだが、これに比べると先の肘が抜けていない動きの方は、わずかながら窮屈さが感じられる。

すよね？

③ 〝力の質〟が違う！

先ほどの、相手に腕をつかんでもらってその腕を引き込む検証では、うまくいかなかった方もいらっしゃるかもしれません。〝肘を抜く〟、この感覚を得ればいとも簡単にできてしまうことなんですが、それにはとにかく手先を使ってしまうクセを認識することです。

では、もう一つ別な形のエクササイズをやってみましょう。

座った状態の相手に、腕をつかんでもらいます。それを引き抜くように立ち上がらせて下さい。

いかにも力まなければ難しそうな図式ですが、これまでの要領で肘を抜いて引き上げて下さい。うまくいけば、簡単に相手を腰から持ち上げることができるでしょう。

これは、物理量的な〝力の大きさ〟自体も増大していることを意味しています。これは、前章でテーマにした「全身を繋げる」ことの効果です。手を使う仕事は、得てして肘に力を入れてしまいがちになります。これは言い換えると、手先だけの力を使おうとしてしまっているのです。

座った相手を引き上げることに成功した時、おそらくあなたの腕は肩甲骨から動いていたと思います。68ページでご紹介した〝幽霊手〟と同じです。うまく力みが抜けている人は、背中全体や足腰をも使っている感覚があったかもしれませんね。それはもう、けっこうなレベルです。でも、現代人で手を〝肩甲骨から〟動かせている人はなかなかいません。それほど、誰もが肘を固めて運動するクセをつけてしまって座った相手に腕をつかませ。そこから立ち上がらせる。力ずくでやってもかなわないが……

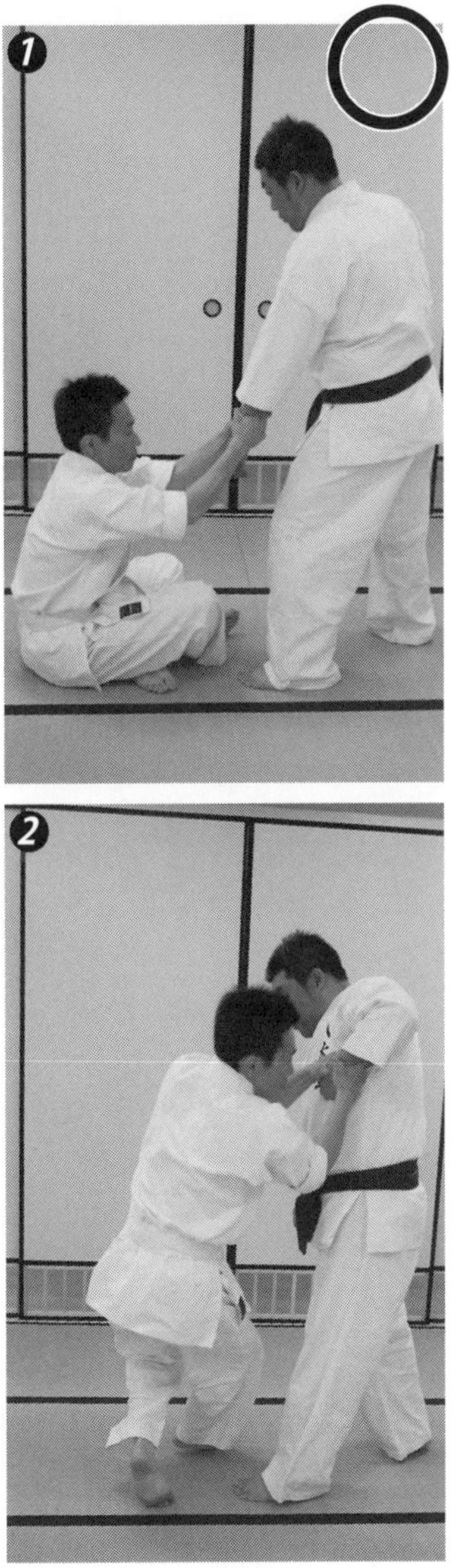

"肘を抜いて"上げると、相手の身体ごと立ち上がらせることができる。

いるのです。

どうでしょう？　だいぶ肘の抜きに馴染みが感じられるようになりましたか？　このような引き上げる方向は比較的やりやすいのではないかと思います。ある程度、力まかせの中で肘を抜く感覚を感じられますからね。ある意味一番難しいのが〝真下に下げる〟動きではないでしょうか。どうしても力んでしまいがちになります。でも真下に下げる動きとて一緒です。真下に下げる方向でも試してみましょう。

肘が下に向くようにして腕を上げ、その肘を相手に下から両手で支えてもらいます。その肘を落とせるかどうか、です。

いかがでしたか？　思った以上に肘が下がらなかったのではないかと思います。これは、いくら力ずくで下げようとしてもまず、下がりません。

これも胸抜きと股関節の連動が作用することが前提ではありますが、肘の抜きの働きによって、相手を崩すことが可能となります。

コツとしては、肘に力感が生じてしまったら、それを溶かすような感覚で解消していくと、肘の抜きが作用しはじめます。もちろん、胸をゆるめることもお忘れなく。いきなりは難しいかもしれませんが、肘の抜きをはじめとする連動システムが形成されると相手を身体ごと崩せるようになります。

最初に成功したときは「リアクション大きすぎだよ」なんてびっくりするかもしれません。でも、これは相手が本気で支えようとしてくれているほど、そうなります。

あなたが支える役をやってみれば、すぐにわかります。肘を抜かない動きでは腕力でがんばっていさえすれば大丈夫な感じなんですが、肘を抜いた動きから受ける力は、〝腰から持って行かれる〟感触だと思い両手で支えられた肘を落とす。力ずくでやってもかなわないが……

〝肘を抜いて〟落とすと、相手の身体ごと崩し落とせてしまう。

腕の力だけでは、局所的に相手の腕にしか作用しないが（上図）、全身から起こした力は、相手を腰から動かしてしまう力となる（下図）。

ます。質が全然違うのです。

もちろん、武術で求めているのは後者です。だからこそ、腕力頼みではないのに、相手が崩せてしまうのです。

胸をゆるめ、股関節に体重を乗せることによって全身を繋げ、さらに肘を抜いて……、とやってきたことは、いわば合理的身体操法の追究です。全身が一気に稼働する状態からロスのない発力を行なえば、〝大きな力が出せる〟と多くの方が思ってらしたでしょう。

実は〝大きい〟だけではないのです。

例えば、1キロの力で回転する直径50センチの風車と、同じく1キロの力で回転する直径2メートルの風車があったとします。巻き込まれたら怖いのはどちらですか？

同じ1キロだから危険度は同じ、とは思わないでしょう。2メートルの風車の方が抵抗かなわずひどい事になりそうな気がすると思います。イメージとしてはだいたいこのようなことです。

腕だけから起こした力は一般に、どんなに大きな力であろうとも局所的に相手の腕にしか作用しません。しかし全身から起こした力は相手の全身をとらえ、腰から崩す質のものとなります。

序章であげた、相手に手を押さえられた状態からの抜刀の例も実は同じです。単に腕力が強い人に腕力だけで抜刀されても、もんどりうってひっくり返されるようなことにはなりません。

この力の質の違いを体得するための〝肘の抜き〟なんです。

④〝いかに触れるか？〟で全然違う！

今度は「肘当て」における肘の抜きを検証してみましょう。

相手の腹のあたりにゆっくりと肘を当てにいきます（次ページ写真参照）。ゆっくりと、相手が痛さを感じない程度です。

そしてそのまま肘で突き込んでいくのですが、本当にゆっくりとですので、打撃というよりは、相手の体全体を動かせるかどうか、が目的になっています。

ただ力で押し込もうとしても、当然相手の体重全体が相手ですから、簡単に動いてはくれません。相手の体の慣性力と、押し込もうとした瞬間からぶつかってしまうのです。こういう時、人は得てして〝肘〟を固くして突き込もうとしてしまいがちになります。それをするな、という話です。

相手の体重全体が相手、とたった今述べましたが、実はそれは嘘です。すみません。

体重60キロの人を動かさねばならないからといって、60キロの力で突き込まなければならない訳ではないのです。

例えば、直径30センチ、重さ60キロの鉄の棒が立っていたとします。それを倒すのに、60キロの力なんて必要ありませんよね。要は、その重量全体と喧嘩するような力の使い方をしなければいいのです。

そう思って、肘の力を抜いて動かしてみましょう。

うまくいけば、不思議なほど簡単に相手は腰を崩します。（もちろん、胸抜きと股関節との連動が必要と肘を固めるようにして突き込もうとすると、相手の体重とぶつかって止まってしまうが（右列写真1〜3）、"肘を抜いて"動かせば、相手は簡単に腰から崩れてくれる（左列写真1〜3）。

はなりますが）

武術では〝接触点を破壊する〟という方針も時にはあるでしょう。それならば、肘は固めるべきなのかもしれません。しかし、相手を体ごと崩すのが目的ならば、この使い方です。じゃあ、刀や打撃系は違うんじゃないか、と思った方もいらっしゃるかもしれませんが、〝崩す〟という行為はあらゆる武術の基本です。なぜなら〝崩せる〟ということはそこに力の衝突が生じていないということの証明となるからです。

ここで大事になってくるのは、接触する瞬間の感覚です。打撃（この場合は肘当て）においても、〝抜く〟接触のしかたができれば、威力は後から加えていけばいいのです。そうすれば、深く効く打撃になります。

刀の使い方においても同様です。触れればとにかく斬れるんだから、とにかく当たりさえすればいいだろう、という考え方もあると思いますが、おそらく実戦レベルの刀法はそれではすまなかったのでしょう。剣術に残されている刀法はとにかく当てる、というものでなく、〝崩し〟につながるような深い斬撃です。

宮本武蔵は『五輪書』水之巻の中でこんな論を残しています。

「秋猴《しゅうこう》の身とは、手を出さぬ心なり。敵へ入身に少しも手を出す心なく、敵打つ前、身をはやく入るる心也。」

秋猴とは手の短い猿のことです。素人が剣を扱えば、どうしても遠間から手を伸ばせるだけ伸ばし、手先だけで切っ先をチョンチョンと当てようとするような刀法になってしまうと思いますが、武蔵はそれを断じました。むしろ、手の短い猿のごとく、体をもって入身せよと説いたのです。全身を使った、まさに相手を根本から〝崩す〟ような刀法です。

もう一つ、空手的な例をみてみましょうか。

次ページ写真の1コマ目は、相手の突き込みを上段受けした瞬間です。ここから、その受け手を相手の

相手の突き込みを左手で上段受けした直後、その手を腕力頼みで引き落とそうとしても難しいが……

胸をゆるめ、肘を抜いて落とすと、相手は身体ごと持っていかれる崩しとなる。

突き手にかけて、崩しをかけます。

腕力でやろうとしても崩せません。仮に相手より自分の腕力が勝っていたとしても、相手の手を多少下げることになるくらいのものです（前ページ右列写真）。

しかし、です。達人と手を合わせた経験のある方ならおわかりだと思います。単に引っ掛けられただけのようなのに、身体ごともっていかれるのです（同左列写真）。

ここでやっている操作は、胸をゆるめ〜肘を抜いて落とすことです。これに成功したら、あなたは、なぜこんなにも大した力を使っていないのに相手は崩れるんだろう、と不思議に感じると思います。

これが、武術で求める〝力の質〟です。胸〜肘の使い方は、これほどに〝力の質〟を変えてしまうのです。

武術の〝力〟は、相手の深い所に到達しなければ意味がありません。だから、相手の深い所に到達させる力の出し方を、武術は懸命に追究してきました。その結果、胸をゆるめたり、肘を抜いたりといった〝操法〟が見出され、それを前提としたプロダクトとして、技や型が現代に残されているのです。

古流の技を見た時、「これは相当怪力でもない限り、実際には掛からないだろうな」といったように感じたことはありませんか？

体遣いの前提が欠落していると、得てしてそんな風にも感じてしまいます。しかし、成立しない技などそもそも生まれませんし、現代にまで継承されるはずがないのです。

そしてそれは、西洋スポーツの理論が多分に入り込んでいる感もある現代武道においても、実は同じことなのです。

柔道で、上位者と乱取りをすると、どうしても投げられてしまいます。そこで「ああ、パワーが違う。

筋力の鍛え方が違うな」と解釈するのは間違いです。柔道の上級者だって、胸のゆるめとか肘の抜きだとか、そういう操法を、やっている人はやっているのです。

改めて記しますが、本書でご紹介しているのは、「ある流儀独特の技術」ではありません。何にでも通用し得る〝根理〟なのです。

手を動かすときは、どんな時であろうと、どんな方向であろうと、〝肘を抜いて〟やりましょう。

それは、あなたの本来の動きです。

第3章

″ラセン″の秘密

―身体が本当に強い状態とは？

① 肘は下に向けよ！

〝肘を抜く〟感覚はつかんでいただけましたか？

そんなに簡単でないのも事実ですが、「100キロのバーベルを上げられるようになれ」というのよりはるかに簡単、とも言えるではないでしょうか。何しろ〝抜く〟だけですから、そんなに時間も必要ありません。達人になるまで何十年〜というのが常識の武術の世界において、これは誰でも、今すぐにできてもおかしくないことなのです。

前章でも言いましたが、武術というものは大概、手でやらなければならないことばかりです。だから「肘の使い方」については事において留意されるところなんです。

本章では、もう一つの〝肘の使用法〟をご紹介したいと思います。

次ページの右側の写真は、中国武術の一つ形意拳における代表的技法〝崩拳〟で突いた瞬間です。縦拳で中段に鋭く付き込みます。

同じく左側の写真は、日本の古流剣術における代表的技法……というよりは基本動作ですね。〝袈裟斬り〟をした瞬間です。

国も違えばジャンルも違うこの2つ、実は密かな共通点があるのですが、おわかりですか？　もちろん本章のテーマ〝肘〟に関することです。

実は双方とも、〝肘を下に向ける〟遣いをした結果としての形なのです。

日本剣術の"袈裟斬り"

中国武術 形意拳の"崩拳"

武術では、常に〝強い状態〟を作ろうとします。当然ですね。身体的〝隙〟を一瞬たりとて作りたくない、のです。

〝崩拳〟や〝袈裟斬り〟の写真のような形を作って、試しに肘を下に向けようとしてみて下さい。何となく全身がギュッとまとまってくるような、充実した感触がありませんか？

「脇を締める」感じもあると思います。「脇を締める」というのは、もう、大概のことで言われる基本ですね。野球のバット捌きだってバスケット・ボールのパス・ワークだって、そうです。

でもこの「脇を締める」にはちょっとした落とし穴があります。それは、脇を締めようと力んでしまうことです。それは結果として無駄な力みとなります。意識的に脇を締め、その状態で少し動いてみて下さい。若干、窮屈さを感じるでしょう。

その点「肘を下に向けよ」という教えの優れモノなところは、そういう意識的な力みを生じさせることなく「本質的な脇の締まり」をつくれるということにあります。

空手の突きでみてみましょう。本書のテーマは〝根理〟ですからね。中国武術や日本剣術だけじゃなく、空手だってそうなんです。

次ページの写真は空手の〝中段突き〟です。

普通にこの動作をやると、肘は横方向を向くと思います。それを、下に向くように意識してみて下さい。それが古伝空手の突きの形です。自然に脇が締まり、全身がまとまってくる感覚がありますよね。その状態ならば、全身からの力を拳一点に集中させる事ができます。

さて、ここでは「脇を締めなければ」と感じながらやるような力みは生じないんですが、代わりにまた肘を下に向ける〝中段突き〟。古伝系空手の基本形だ。

正拳突きで、肘が下を向くように意識する。肘は外から下へ、拳は親指側が内から下へ向かう力の流れとなり、結果として腕全体で〝ラセン〟ができ、より効率的に力が相手に伝わる形となる。

別の種類の〝無理〟が身体に生じているのを感じませんか？
それもまた、ミソなんです。

②〝ラセン〟の力

〝力むな！〟というのは、序章から述べ続けてきた、いわば普遍的課題です。でも、だからといって何もかも完全に力を抜き切ってダランダランにしてもそれは運動にすらならない訳です。この辺の加減、今まで黙ってきましたが、難しいと思いませんか？　いったいどこを残してどこを抜けばいいのでしょう？

これに対する答が〝正拳突き〟に現れています。

〝正拳突き〟で肘を下に向けようと意識すると、拳は親指側を内に落とし、肘は外側に落とす……この結果として腕全体で〝ラセン〟になります。これはより効率的に相手に力が伝わる形ですが、同時にある種の〝芯〟を形成するんです。

この〝芯〟のない状態で脱力しようとすれば、全部抜け切ってしまういわゆる「腑抜け」の状態になりやすくなります。本

ラセンが強さを生むメカニズム

通常状態から、肘を落とす操作によってラセンが生まれると、腕にある種の“芯”が形成される。そこから“芯”を残したまま表面上の緊張を解放すれば、最大限の力が発動される状態になる。“芯”のない状態からの解放（脱力）は「腑抜け」の状態になりやすい。ラセンはいわばバネが縮められて力が蓄えられている状態に相当する。

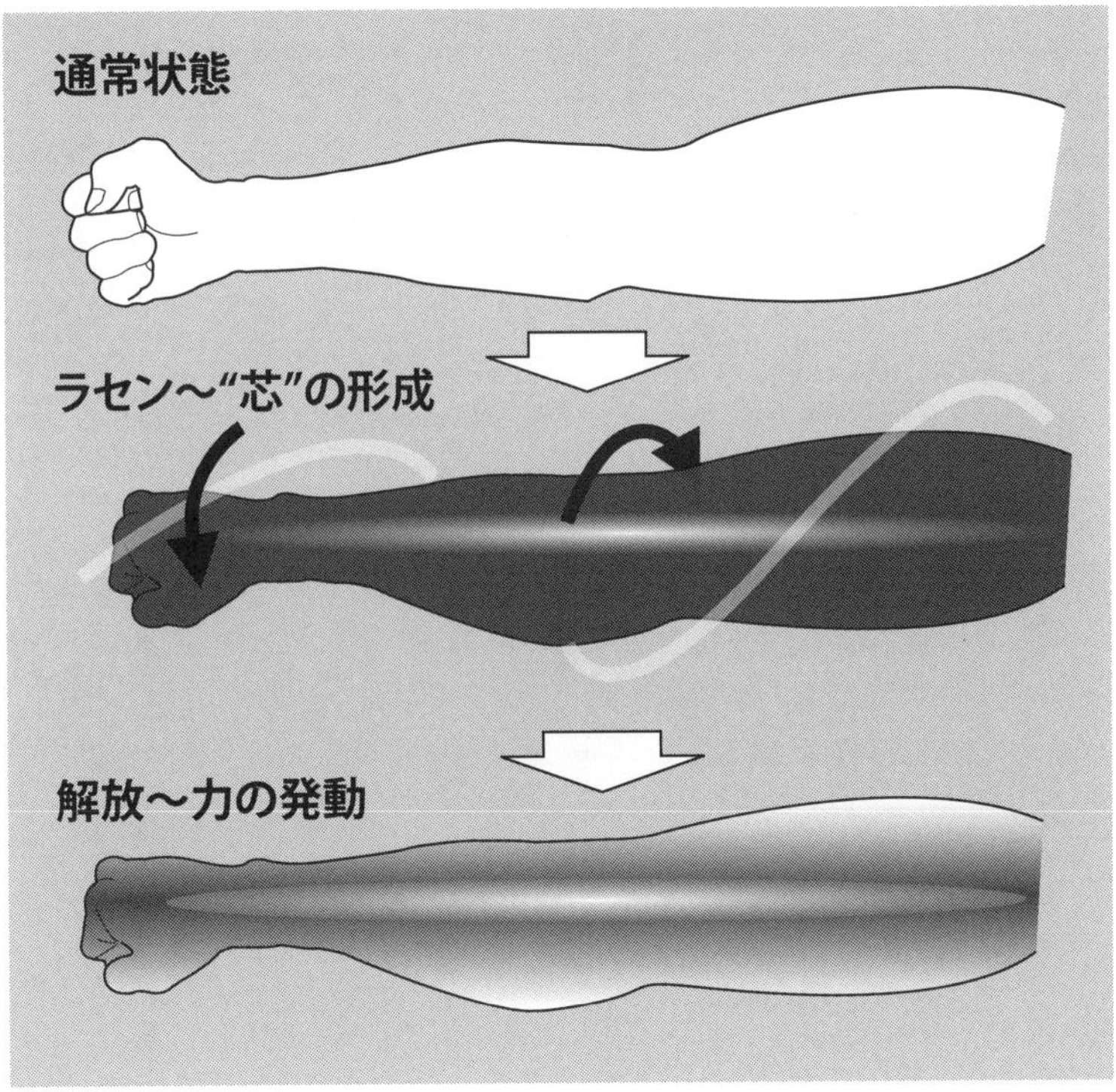

当の意味で効率的な発力は、この〝芯〟を残して、他を解放するやり方です。この、〝芯〟が形成された腕は、いわばバネが縮め込まれて、力が蓄えられている状態です。いつでも瞬間的に発動できる状態です。

第2章で、「〝お前の肘を力ずくで伸ばそうとするから、伸ばされないようにしてみろ〟と言われたらどうするか？」という例えをあげました（67ページ）。

もう少しシビアな言い方にしてみましょう。あなたの〝臨戦態勢〟とは、どんな状態ですか？

「腑抜け」ではもちろん駄目ですね。でも、どこから来られても大丈夫なように全身を固める、というのでは変化もできないし、そもそも動けません。

そこに対する武術の解答が〝ラセン〟だったのです。

〝芯〟の形成がなされ、それを解放するだけでいつでも瞬時に力を発揮することができる。かつ、力んで固めていないので相手の攻撃に即、対応することが可能です。「肘を伸ばされないようにしてみろ」と言われたら〝ラセン〟を作ればいいのです。

次ページの写真は形意拳の基本的な構えの一つ「三体式」です。これももちろん〝ラセン〟です。

この形を使って、また一つ検証してみましょう。

まずはこの形を作ってみます。これまで述べてきた留意事項を全部使ってみましょう。

胸をゆるめ、股関節を深い所から折って、しっかり体重がかかるように意識します。そして右手の掌を前方へ向け、その状態を維持したまま、肘を下に向けるように意識します。

〝正拳突き〟と同じですよね。その右手は〝ラセン〟の状態になっています。その手を、誰かにつかんで動かしてもらってみて下さい。そう簡単には揺らがない手になっていますか？「腑抜け」ならもちろん揺

形意拳の基本構え「三体式」。

三体式の前の手をしっかりとつかんで堪えていてもらう。〝ラセン〟で形成された〝芯〟はそのままに、腕をキープさせていた力を解放するとともに落としてやると、相手を腰から引き崩すことができる。

らぎますし、力みで固めていても、結局特定の弱い方向が存在するので、そちらに簡単に動かされてしまいます。

正しい〝ラセン〟ができていたら、次はそのままつかんで堪えていてもらいます。下に引き崩せますか？

ここで、「ラセン～芯の形成～解放」式発力の出番です。

今さら言うまでもないでしょうが、肘に力を入れてはいけません。「解放」ですから、むしろ逆です。重力で落ちたがっているけれどもキープしていた腕を落としてやる、くらいの感じで落としてみて下さい。うまくいけば、相手を腰から引き崩すことができます。

こういう力が、武術の構えや瞬間瞬間の形に内包されているのです。

③ さまざまな〝ラセン〟

〝ラセン〟というと「纏絲勁《てんしけい》」（中国武術の発力法の一つ）を思い浮かべる方も多いことでしょう。まさにそうです。知らないと、ラセン状にグネグネと動いていくような特殊な技術のように思ってしまいますが、「纏絲勁」の本質はこれです。要するに、人間の身体構造を研究した末に発見した、最強最善かつ〝臨戦態勢〟な身体状態であると同時に、最大効率の力の生み出し方、が〝ラセン〟だった訳なんです。

次ページの写真は、構えでも技でもありません。站樁功《たんとうこう》という練功法です。ここにも〝ラセン〟がありますね。

あ、あなた今、「中国武術ばっかりじゃないか」と思いましたね。ついさっき〝正拳突き〟の話をしてた

中国武術の練功法「站椿功」。肘を落とし、腕が〝ラセン〟の状態になっている。

那覇手系空手の鍛錬型「サンチン」における〝サンチン立ち〟。つま先を内に、膝を外に向かわせて腿を内に締める。結果として脚全体は〝ラセン〟の状態となる。

のにもう忘れてしまって。

でもまあ、いいでしょう。もう一つ、空手の〝ラセン〟をご紹介しましょう。

上の写真は何だかおわかりですか？

那覇手系空手で行なわれている鍛錬型「サンチン」で用いられる足の形です（サンチン立ち）。

この足の内実を精確に描写しようとするとなかなか難しいのですが、簡単に説明するなら、つま先を内に、膝を外に向かわせ、腿を内に締めるのです。結果として脚全体は〝ラセン〟の状態になります。

もちろん〝ラセン〟は足に限った話ではありません。

次ページの写真が、「サンチン」の全体像です。この動作を〝中割れ〟といいます。

この〝中割れ〟の動作を用いて、また一つエクササイズを実践してみましょう。

「サンチン」の中で行なわれる動作〝中割れ〟。

胸襟をつかまれたその相手の腕に、自分の手を〝中割れ〟の状態を作るようにもたせかける。その腕に相手を崩すほどの力が与えられるか?

4 サンチンの〝力〟

まず、相手に胸襟をつかんでもらいます。その腕に、自分の手をもたせかけます。それで引き崩そう、という訳ですが、できますか?

この形は、実際に合気系の武術や中国武術で〝技〟として修練されているものです。はじめはこんなことが本当に可能なんだろうか、と思ってしまう形ですが、この崩しはもちろん本当に成立します。

〝中割れ〟の手を作るように落としてみましょう。相手の腕に自分の手刀から当て、親指を内に落とすようにすると、下で〝中割れ〟の手になります。肘は外から下に向かわすように。操作としては本章ですでにやってきたものと同じですね。あなたの腕には〝ラセン〟ができてくるはずです。〝ラセン〟で〝芯〟を作り、それ以外を解放させせつつ落とします。うまくいけば、相手は腰から崩れます。胸をゆるめたり、股関節に体重を乗せたりすることも忘れずに。この

胸襟をつかんで来た相手の腕に自分の手を乗せ、〝中割れ〟の手を作りながら落としていく。「ラセン〜芯の形成〜解放」の要領で、相手は腰から身を崩す。

一連の操作にも、ずいぶん馴れてきましたね。

胸襟をつかむ側の役も、ぜひやってみて下さい。どんなに腕に力を込めて耐えようとしても、堪えがきかないはずです。なぜなら、〝中割れ〟で落とす側は自分の腕に力を込めてきている訳ではないからです。だから腕では衝突は生じていない。衝突が生じていない以上、そこに力を込めても、無意味なのです。

もう一つ、今度はもう少し直接的に、空手の技法に応用してみましょう。

〝中割れ〟の手で、下段払いを行ないます。第2章で上段受けから相手を引き崩す、ということをやりましたね。ここではもっと即効的に、受けた瞬間に相手に崩しをかけるようなものを目指します。

相手に、下腹あたりに向けて低めの中段に突き込んでもらいます。それを上から下段払いにとらえるのですが、腕を固めて弾くようにしてはいけません。

胸をゆるめ、力みのない柔らかな手で肘を落としつつ、〝中割れ〟の手を作るように落としていきます。

うまくいけば、受け動作そのままに、相手を崩すことができます。

突いた側にしてみれば、何が起こったのかと面食らうでしょうね。これが武術が追究して到達した、本当の受けです。

余裕がないうちの防御動作は、相手の攻撃を弾き逸らすので精一杯だったりします。でも、それは単なる「仕切り直し」ですよね。相手からはすぐさま次撃が飛んできます。そんなことを続けていってもジリ貧になるばかり。受けとは、その場凌ぎでは駄目なのだということに、武術は早くから気付いていました。

剣術でチャンチャンバラバラとやらない、というのも同じ話です。

チャンスはその場限りの一瞬です。相手が攻撃をしきった瞬間というのは、どんな者でも隙を露呈して

相手の中段突きを上から下段払いで受ける。この時、腕を固めて弾くのでなく、柔らかく、胸をゆるめて肘を落とす〝ラセン〟の操作から、〝中割れ〟の手を作るように落とすと、受け動作そのままに相手を崩すことができる。

しまう、ある意味最大のチャンスなのです。このチャンスをものにするにはどうしたらいいかを、武術は真剣に追究しました。

弾き続けてもジリ貧、つかもうったって、そううまくつかめるもんじゃない。触れた瞬間に、崩しをかけるしかないのです。瞬間的に相手の腰に全身からの力を集中させてやる。それを実現するための方法論が、他ならぬ本書で紹介している〝根理〟です。武術の種類は違えども、同じ人間のやること、似たような次元のところに到達したのです。

第4章

"添わす"感覚

―合気的技法の研究

① 届かなければ意味がない⁉

前章では、固く弾くのでなく、柔らかくとらえる防御動作を実習しました。相手と対抗しない、まるで、〝寄り添う〟ような操法です。

思えば「対抗しない」というのも、序章からずっと述べてきたことでした。これもまた、共通項的に存在している〝根理〟なのです。

普通に考えれば、戦いというものは攻撃力に勝るものが弱いものを粉砕して完結します。歴史的に、戦争のほとんどがこれだったことでしょう。しかし人間が〝武〟の中に〝術〟を追究し始めた時、その目的には武力が自分よりも上の相手に、〝術〟をもって勝つ、ということでした。でなければ、〝術〟を追究する意味などありません。

自分よりも武力が上の敵に勝つためには、「正面からぶつかり勝ちをする」とはまったく異なる発想が必要でした。〝寄り添う〟ような、一見戦いとは真逆のようにも思える発想に行き着いたのも、ある意味必然だったのかもしれません。

本章ではその、〝添わす〟感覚をテーマに、進めていきたいと思います。

例えばあなたが誰かからモノを受け取る時のことをイメージしてください。モノを差し出す相手から片手で「ほらよ」という感じで渡された場合と、両手で丁寧に「どうぞ」という感じで渡された場合とではどちらが快く受け取れますか？

または、あなたがコンビニで買い物をして、店員さんからお釣りを受け取る時に片手で「ポン」と渡された場合と、両手を丁寧に差し出して渡された場合とではどちらが快く感じますか？

当たり前ですが、丁寧な気持ちと動作で渡された方が気持ち良く受け取れると思います。逆に乱雑に渡される場合は嫌な感じがして、その人に対して拒否感みたいなものが生じるかと思います。

今はモノのやりとりでしたが、これを武術に応用して考えてみます。相手に技をかけるという行為は、別の言い方をすると、相手に自分の〝技〟を到達させることです。届かせられなかったら、それは何にもならないのです。

そう考えると、相手に自分の気持ち、すなわち「技をかけさせていただきますね」という心（モノ）を伝える（渡す）という風に考えるべきなような気がします。「どのようにしたら自分の想い（心）を相手が受け入れてくれるだろうか」ということを考えると、力まかせに「オリャーッ‼」と、やるのは力のぶつかり合いが生じてしまい技もかからないので（力の差があれば別ですが）、ちょっと違うかな？と思うのです。

これは乱雑にモノを渡された時に感じる拒否感を、細胞や潜在意識レベルで感じてしまうからだと考えられます。

では、どうすればいいのか？　モノを相手に渡す時と同じく、自分の力を〝添える〟ような感覚で相手に差し出すのです。では、この相手にモノを〝添える〟ような感覚で差し出すとは具体的にどのような感じでしょうか？

イメージして下さい！

〝技〟の本質は、「否応なく相手を粉砕するもの」というよりは、「相手に受け取ってもらうべきもの」かもしれない。

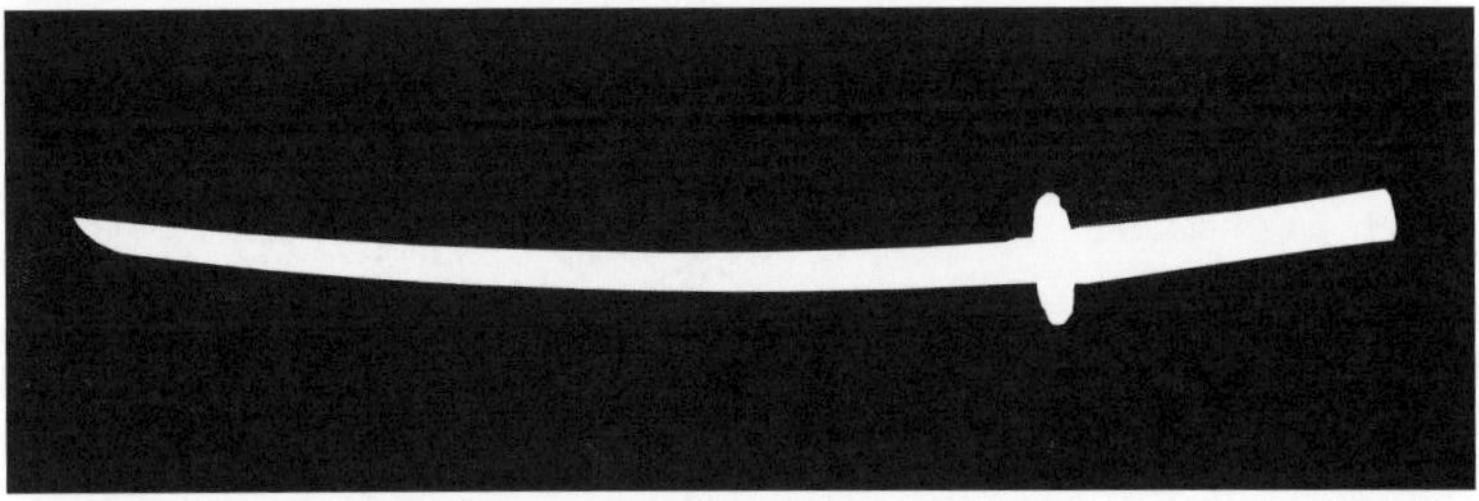

あなたは刀としてこの世に存在しています。さて、刀のあなたは次のどちらのタイプの主と一緒に行動を共にしたいですか？

1　刀を振る時はいつも力まかせ。刀と自分を一体化するなどの考えはない。

2　刀を扱う動作に流れるような美しさが感じられ、刀と自分の一体化をいつも考えている。

人それぞれに好みや感覚は違うので全員とはいいませんが、大抵の人は後者の人と行動を共にしたいかと思います。

刀となったあなたは、常に一体化を考えて自分（あなた）を扱ってくれる主のことを「受け入れ」、どこまでもその一体感に酔いしれることができるかもしれません。逆に無造作でぞんざいに扱われた場合には一体感など生まれることはなく、「嫌悪感や拒否反応」が出てくるかと思われます。

刀に感情はない！と思ったあなた。では、別な言い方をしてみます。たとえモノの立場からしてみても、後者の方が〝扱われやすい〟、あるいは〝意に添いやすい〟はずなのです。すなわち〝動かされやすい〟ということです。

思いっきり物理的な見方をしてみます。物体には例外なく〝慣性〟というものが存在し、止まっているものは止まり続けようと、動いているものはそのままの方向・速さで動き続けようとします。つまり、急激に変化させられることを嫌うのです。

爪楊枝くらいの質量のものならば、完全に手の動きに従属して動いてくれもしようものですが、刀ほどの物だと、そうはいきません。こちらが〝こう動かしたい〟という意図を刀が受け入れてくれる（その通りに動いてくれる）か、拒否される（その通りには動いてくれない）か、という分かれ目が生じてくるのです。ましてや人間だったら……。

この「受け入れ」や「拒否反応」が潜在意識レベルで作用することを「合気」や「調和」などといった言葉で先人たちは表現したのではないでしょうか。

② 〝同一化〟の技法

ではどうしたら刀と人間が分離することなく、いかに同一化して動けるのか。先の例のように力まかせに振り回すような動作（心持ち）ではまずつながりません。

古くから「気剣体の一致」という言葉で、実際に人と刀の同一化が剣術の世界で目指されてきました。人と刀が同一化……それは社交ダンスのように刀と自分を同調させ、自分勝手に動くということのない操法です。それには相手（刀）と合わすことが重要となってくるので、「刀を自分が扱う」という感覚ではなく、「刀と自分が寄り添う」感覚へとつながってきます。

これが、刀を〝振り回す〟ではなく、刀を〝添える〟ように差し出すという感覚の操法になってくるのです。

この「刀と自分を一体化させる感覚」を養った剣術は、その感覚をそのまま体術（柔術）に用いました。

"添わす"操法

"振り回す"操法

刀の操法の比較。力ずくで振り回すのと、〝添わす〟ように扱うのとでは、どう違ってくるのか？

刀が人（相手）へと変わっただけなのです。刀と自分を合わせるような動作と同じ感覚で相手を操作していくことができるようになりました。これが、過日の武人が居合・剣術・体術（柔術）どれを稽古しても三位一体でレベルアップさせることが可能となった理由となります。〝術理〟が同じなのです。

〝刀が自分のことを「受け入れる」ような動き〟をしていれば、相手を投げる（自分を受け入れてくれる）ことが可能となります（調和の世界）。

〝刀が自分に対し「拒否反応」がでるような動き〟をしていれば、相手と衝突してしまい投げることが難しくなってしまいます（対立の世界）。

実習「逆袈裟斬りと足斬りの連続技の柔術へと応用した投げ」

この例は、刀で逆袈裟斬り～足斬りの連続技を体術（柔術）へ応用する、というものです。

まず刀で逆袈裟に斬る動きから足斬りの連続技を行ないます（次ページ写真参照）。胸の抜きや股関節の意識化、肘の抜きを意識した動きで単独型を練習します。この一連動作は〝手先だけ〟の動きになりがちです。無駄な力が入らないよう留意して、ゆっくりで構わないので〝全身運動〟を実現させましょう。

その上で、ここでは刀を〝添わす〟ように扱うということに留意します。

その感覚を用いて今度は対人で投げられるかどうかで型に習熟、つまり、刀と一体化して動けているかどうかの検証が可能となります。

そのため、〝振り回す〟ではなく〝添わす〟なのです。

相手の右手を両手で、あたかも刀のように持ちます。そこから逆袈裟～足斬り、の動作をもって投げ技

元になる剣術動作
逆袈裟斬り～足斬り

右下から左上に斬り上げ、返す刀で足を斬る。

相手の右手を両手で刀のように持つ。一歩踏み込みつつ逆袈裟に斬り上げるように差し上げ、右下へ足斬りするように落とし投げる。相手との"一体化"ができていれば、抵抗・違和感なく、投げが完了する。

手前勝手な感覚で技をかけようとしても、ぶつかりが生じて抵抗されてしまう。

となすのです。

刀なら、多少手前勝手に動かしても、まあ、動いちゃあくれますが、相手が人間だと、そうはいきません。

そもそも、相手を〝動かそう〟とすること自体が、手前勝手なのかもしれません。でも、技の修練は、大概そういうものですよね。やりたい技がまずあって、その手順を自分が遂行する。でも、そこで相手の存在がないがしろになっていませんか？

ここでの実習のポイントは、自分がいかにうまいことやるか、だけではありません。相手の存在があって、そこに〝添わす〟という使い方です。相手と一体とならなければならないのです。相手と一体になれたら、動かすことは難しくありません。

③ 合気技法の本質

今ご紹介したものは、形の上でも術理的にも紛れもない合気系武術の技です。

ところで、合気の達人の技をご覧になったことはありますか？　流れるような、大きく美しい技もある一方で、ほとんど相手がつかんだ瞬間に極まってしまっているかのように見える技があります。電流でも密かに流しているのか？と思ってしまうほど、何にもしていない風なのに、相手が崩れ落ちてしまうのです。もちろん電流ではありません。これが極限的に集約され、究まりきった合気技法の姿なんです。

武術の技法は総じて、練度が進むほど動きを小さくしていく、という特徴があります。達人が示す、瞬間的な合気の技法は、大きく美しい技を〝小さくしていった〟先に存在します。つまり、同じことをやっているのです。

逆袈裟斬り〜足斬り動作も、もっと小さくしていくことによって、今ご紹介したのとはまた違った技への応用が可能です。

次ページの写真が一例です。まったく違う技のように見えますが、ここでやっているのも逆袈裟斬り〜足斬り動作です。ただし、先ほどよりも小さく行なっているのです。

斬り上げて〜下ろす、という動作がほとんど消えており、まるでただその場でつかんでいるだけのように見えます。

この技は、形としては四教（大東流では四箇条）になっています。四教は、原理としては経絡を攻めて、その圧痛をもって相手を崩し落とすというものです。しかし、この技の本当の威力は〝痛さ〟ではありません。達人の技ほど、かけられた側は「なにがなんだかわからないうちにコントロールされてしまっている」状態になります。117ページの技くらい見かけ上の動きがあれば、どういう風に重心を揺さぶられて崩れてしまったかも分かろうもんですが、ここではほとんど動きがないのです。でも確かに重心は動かされ逆袈裟斬り~足斬り動作を小さく行なって崩し技となしたもの。「上げて~下げる」という一連の動きは表面上ほぼ消え、つかんだ手をほとんど動かさずして相手を崩し落としてしまっている。

ている。崩しをかけるには実は身体を揺さぶる必要はありません。重心が動かせればそれでいいのです。合気の技は最初は大きい動きで稽古して感覚を養っていきます。感覚が養われたら、それを小さくしていき、だんだん相手に見えないようにしていって、最終的には〝点〟を目指します。

これは合気の技独自の技法構造、という訳ではありません。もちろん他とも繋がっています。

例えば、序章はじめ何度かご紹介した、手を押さえ付けられた状態から抜刀する、というものですが、これは動きを小さくしていくと、合気技になります。

そもそもが、押さえ付けられた状態から刀を抜くこと、正座した状態から立ち上がること、自体が難しい体勢からのスタートでした。胸をゆるめたり、股関節に体重を乗せたり、肘を抜いたり……、これらは確かに身体を最大効率で稼働させて、最高出力で動く、ための方法論であり、その結果、立ち上がって踏み出す大きな力をもって相手をひっくり返らせた、という図式でもあります。

しかし、そもそもこれは押さえ付けてきた相手の力に対抗しない、というところからすでに〝技〟が始まっていたのです。そうです。相手に添わせた〝一体化〟です。

左足に重心を移し、それを前方移動させながらフリーになった右足を送り出して立ち上がる、という重心操作や身体操作を、どんどん小さくしていって、内部感覚の領域に圧縮させる。それが次ページ写真の技です。見かけ上は、立ち上がったり、左や前に重心移動したり、右足を踏み出したり、といった動きはほとんどなくなっています。でも、確かに同じことを行なっているんです。だからこそ崩せているんです。

動きを小さくしていくというプロセスは、〝無理をしなくなっていく〟ということでもあり、〝相手をどう動かそう〟という意志をいよいよ希薄に、いや、完全に消散させていくということを意味します。それ抜刀動作を小さく行なって崩し技となしたもの。相手に向かって踏み込んで崩す動きは表面上ほぼ消え、つかまれた手をほとんど動かさずして相手を崩し落としてしまっている。

こそ、〝添って〟いるくらいのものでいいんです。それが「合気」を中心に見られる、武術技法の本質なのです。

④ コントロールするには〝力〟よりも……

世の中、相手を上回る〝力〟さえあれば、思い通りにできる、と考えている人、少なくないかもしれませんね。同じように、武術・武道や格闘技、スポーツも、〝力〟さえあれば自分が思うようにコントロールできる、と考える人が多いと思います。

でも実は、そうでもないのです。一見、〝力技〟に見えるもののいくつかを検証してみましょう。

次ページの写真は、いわゆるタックルです。ラグビーや格闘技で見られる光景ですね。相手を倒すための技術です。

もちろん、相手を軽々と持ち上げてしまえるほどの圧倒的な腕力があれば、タックルを決めやすいのは事実です。でも、ラグビーでも格闘技でも、「タックルの上手い人」をみてみると、意外に腕力勝負、体格勝負な人でないことにお気づきになるでしょう。タックルは、腕力頼みの技ではありません。

まずは、腕力頼みでタックルをやってみましょう。相手に堪えられると、そう簡単には倒せないでしょう。そこで威力を発揮するのが、本章のテーマたる〝添わす〟感覚なのです。

相手の脚をとらえたら、力任せに持ち上げようとするのでなく、逆にむしろ赤ん坊を抱くような感覚で自分の腕や胸全体を相手に〝添わす〟ように用いると、簡単に倒すことができます。

脚を持ち上げてしまえば相手はコケる。その図式にとらわれていると、とにかく何としてでも脚を持ち上げてやろうとやっきになりがちだが、相手がその脚に体重をかけて踏ん張られると、そう簡単に持ち上げられるものではない（写真右列）。しかし、相手の脚に〝添わす〟ように腕～胸全体を使うと、相手をコントロールできるようになる（写真左列）。

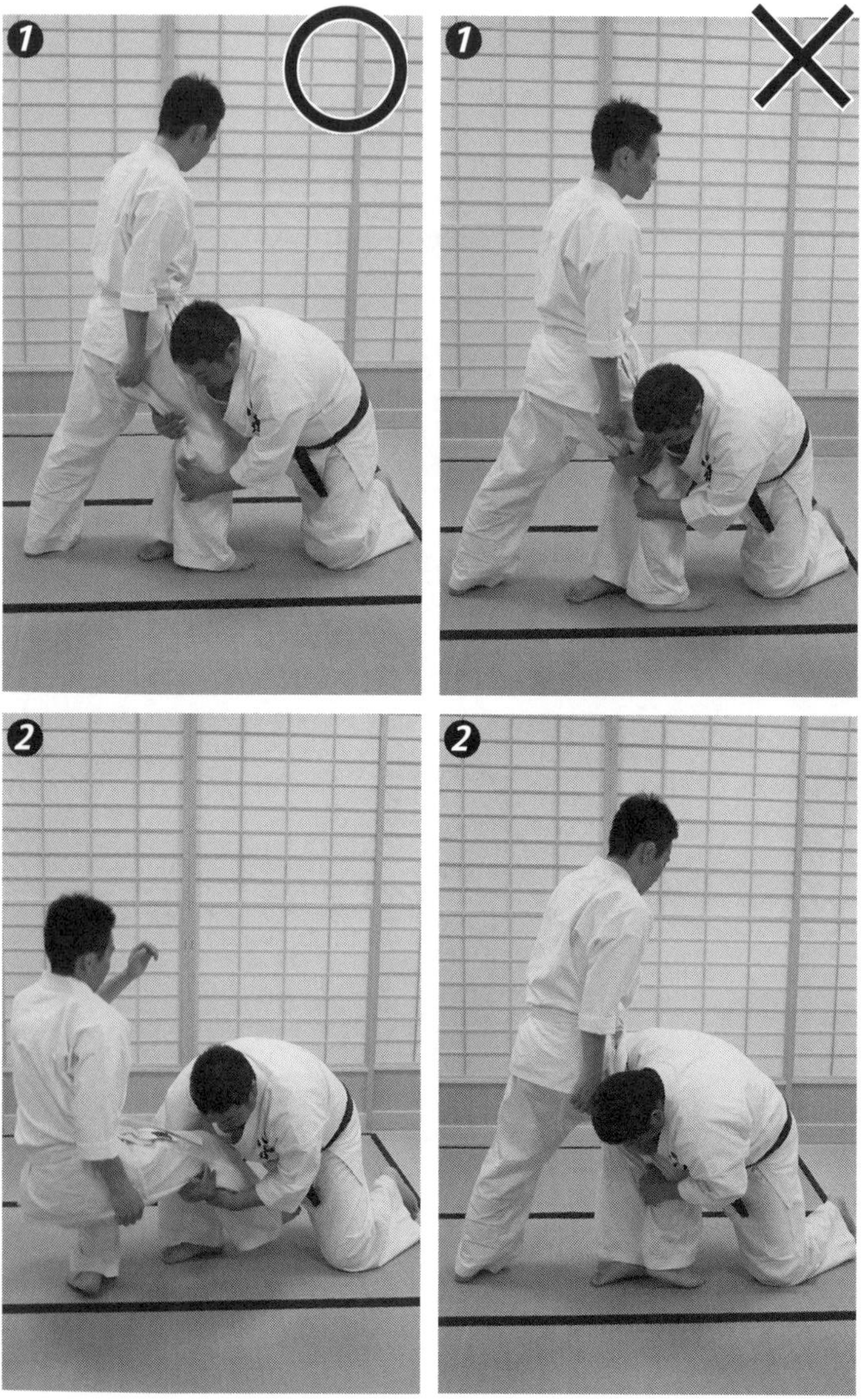

タックルの目的は確かに倒すことですが、別の言い方をすれば、「相手をコントロール」することです。別に相手の意志に抗って脚を持ち上げることではありません。となれば、相手に力が届きやすいのはどういう方法か、という観点で考えてみれば、自ずと答えは出ますよね。

左の写真は柔道技法の形ですね。相手の足を後方に運べないように自分の右足を掛けて、相手の体を後方へもっていきます。確かにその通りにコトが運べば、相手は後方へ倒れるしかなくなります。

"力"でもっていきますか？　ならば、相当相手を上回る力がないと駄目です。なぜなら、この写真の例においては、「相手の足の裏側へ自分の足を掛ける、という時点で、自分側がけっこうな無理をしている形だからです。もし、力の大きさが同じ者同士ならば、無理をしている側が必ず負けます。

足を掛けて相手を後方へ……そうすれば相手は倒れるはず、というのは技の構造原理ではあるが、実は非常に手前勝手なもの。"無理"をしているのは自分の方なので、そうそう簡単に相手を倒すことはできない。

足を相手の足に〝添わし〟、腕も力任せに引っ張り込むのでなく〝添わす〟。すると相手は自然に崩れてしまう。

柔道選手でも、格闘家でも、実際、筋力も鍛えている人が多いので、技も〝力勝ち〟している結果のように見えます。しかし、実際は違います。ハイレベルな選手ほど、「真っ向から〝力勝ち〟」しようとするのではなく、「相手が抗い難い」力の使い方をしているのです。

次ページの写真は、突き手をとらえた刹那、その場に崩し落としてしまう早技です。技の形としては合気系の「小手返し」に近いですね。相手の手首を捻って極め落とす技……のように見えますよね一見。でも、この写真のように、力を込めて真直ぐに突き込んできた腕を、そう簡単に捻れるものではありません。

突き込んできた相手の手をとらえ、その場に崩し落としてしまう早技。関節技のようにも見えるがさにあらず。力任せに関節を極めようとするよりも、相手に“添わす”ように誘導すると、相手はあっさり崩れ落ちる。

力任せに相手手首を捻って痛がらせてやりたくなる気持ちを抑え、相手に〝添わす〟感覚で回し落としてみて下さい。不思議なほど簡単に崩せるようになります。

崩し技も投げ技も、共通の目的は、相手をコントロールする、ということです。技を掛けられる立場に立ってみて、どういう風にされたらコントロールされてしまいやすいか、ということを考えてみて下さい。これは本章の冒頭であげた、刀の話と一緒ですね。

技の多くは、〝力技〟に見えます。力があればうまくいきそうにみえます。しかし、実は違うのです。対抗関係よりも、相手に合わせる方が上手くいきます。力を使わない方が、うまくコントロールできる、それこそが技なのです。

5 「合う」ということ

気を合わせる、合気や和合・調和などといった言葉で武術を表現することがあります。

今のような平和な世の中でこそ、尊ばれておかしくない「合う」という言葉、武術に入っていること自体がすごいと思いませんか?

武術での相手は、〝敵〟です。何を考えているか、何をやってくるのか、あずかり知らぬ相手です。その相手と「合う」、というのですから。

実際にどのように作用するか検証してみます。

実習「突きに対する捌き〜投げ」

相手に胸の中心を突いてもらい、それをかわしてからの投げを行なってみます。単純によけただけでは投げへとつながりません。3章でも突きに対する防御をやりましたが、そこでも述べたように、相手の攻撃を弾いてもさらなる次撃を食うことになって駄目、ただかわしても、同じように駄目なんです。

相手の突きを捌く稽古。一発目の突きをなんとか食い止めても、相手はすぐに次撃を繰り出すことができる。相手を〝対応できない状態〟にさせるためには?……

相手の攻撃を食らってはならないことは事実なんですが、だからといって、ただ忌避しても〝逃げる――追う〟の関係になるだけなんです。〝相手の攻撃〟というものに対する考え方も、根本的に改めなければなりません。

何度かやってみていただくと、どうしても〝逃げる―追う〟の関係に陥ってしまいがちな難しさをお感じになると思います。それでも何度もやると、偶然にでも上手くいく、あるいは上手くいきかけることがあるでしょう。それはおそらく、相手の突きをギリギリの紙一重で捌く格好になった時だと思います。意図的にせよ、単に対応が遅れ気味になってしまったせいにせよ、〝ギリギリの紙一重〟の捌きになった時、崩しは成立しやすくなります。相手はその先の対応ができない状態に陥ります。

攻撃側に立ってみるとすぐわかると思いますが、突けた！（相手に当たった！）と思えてしまった瞬間、あなたは次の別の対応動作ができなくなります。逆にこちらの攻撃を〝よけなきゃよけなきゃ〟と早めの対応をしてくるような相手にはこちらとしても〝よけたな、じゃあこっちだ〟と対応動作が次々出てくるものなのです。

〝よけなきゃよけなきゃ〟という早め動作が、いかに無駄をやっていたか、ということなのです。

タイミングとしても一瞬間に合えばＯＫ、距離としてもほんの体半分でＯＫ……より大きく逃げればより安全、というものでもありません。大事なのは〝安全範囲〟を探すことでなく、相手の攻撃そのもの（の中心）をとらえることなのです。とらえられれば、そこからほんの少しズレるだけで防御は成立します。それ以上何もする必要はないのです。ではその〝攻撃そのもの（の中心）〟をとらえるには？

逃げない、ことです。〝合わせる〟んです。いや、無理矢理に相手の攻撃線上にわざわざ自分の身を差し出せ、まず、相手が攻撃してくる、そのエネルギーの〝中心〟と自分の〝中心〟とが〝合う〟瞬間をとらえる（写真1）。とらえた次の瞬間に自分の体をわずかでもズラせば、〝紙一重〟の捌きとなり、そこから相手を崩すことは容易になる（写真2〜3）。〝合って〟それをズラした瞬間、相手は〝虚〟の状態、すなわち腑抜けとなる。

〝合わせ〟～〝ズラし〟は、打撃においても大きな効力を持つ。蹴り込みにいく直前に〝合う〟瞬間が訪れ（写真1）、次の瞬間に〝ズラし〟ながら蹴りを入れると、相手は〝虚〟の瞬間に攻撃を受けることになり、深いダメージを受ける（写真2～3）。

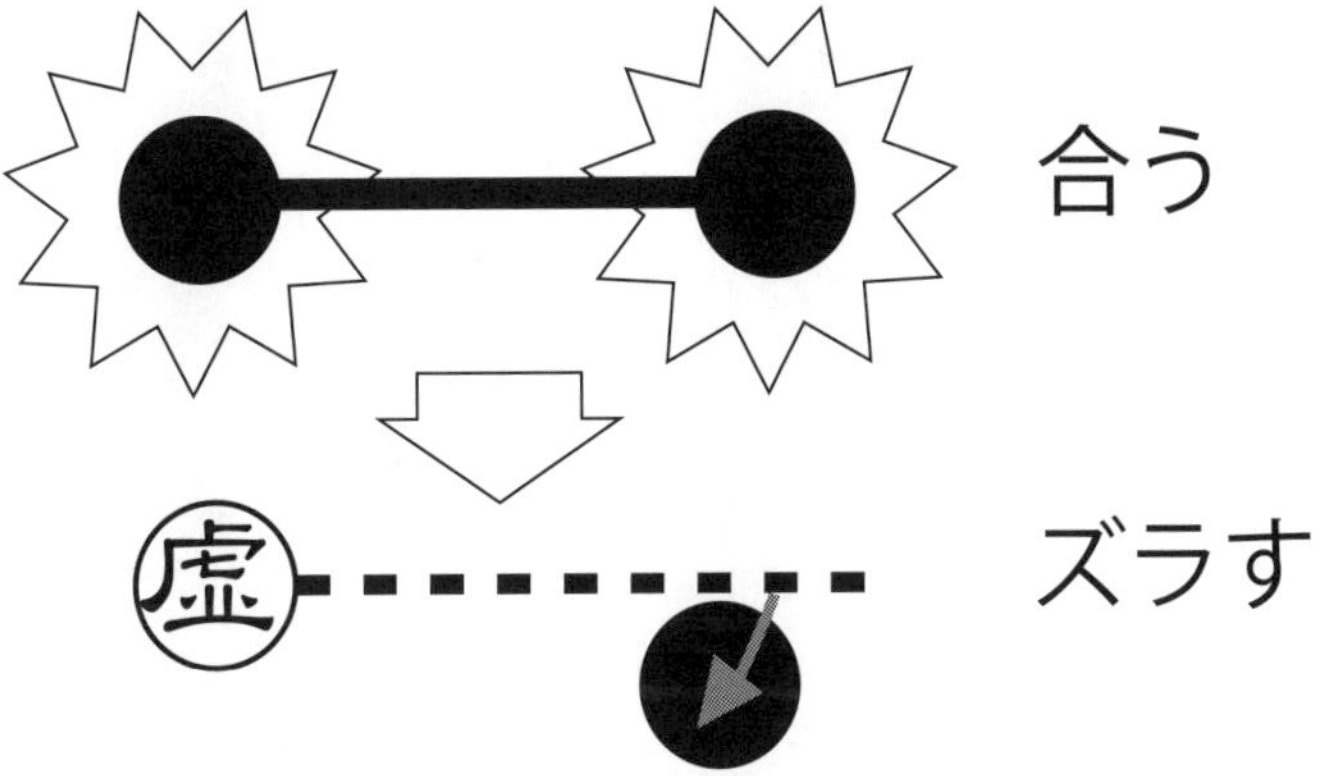

ということではありません。放っておいても相手の攻撃は自分に向かっています。でも、感覚的には相手の突きに当たりにいく意識と動作が必要となるでしょう。そのことによって相手との融合化が可能となります。

宮本武蔵が説いたといわれる、

「斬り結ぶ太刀の下こそ地獄なれ　踏み込みゆけば　あとは極楽」

このことは体感的に同じことだと思われます。

相手の攻撃（この場合は拳による突き）という地獄に踏み込んでこそ、自分に優位な状況が生じる（極楽）ということですね。どうしても逃げる方向、避ける方向を模索しがちなところですが、活路はその〝地獄〟自体、すなわち相手の方向そのものだということです。もちろん、正面からぶつかり合おうというのでもありません。どんな心境なら、入っていけるでしょうか？　怖れの対象であれば、到底入って行けはしません。

同じような意味で「死中に活あり」という言葉もあります。

この感覚を養成するのに一本突きによる約束組手は大変有効です。

一本突きの「イチ」に合わせ、捌いていくことで、「死中に活」の感覚を磨いていきます。

極端な話、この最初の「イチ」さえ制することさえできれば連打でこようが関係なくなります。実際、古伝武術の型として残っているものは、連打、連続攻防を想定しているものはほとんどありません。もちろん「数打ちゃ、当たる確率も高くなる」式の発想もありません。

自分にとって相手は忌避すべき対象でも弾き返す対象でもありません。〝添う〟関係、すなわち融合するのです。〝もはや相手の動きなのか自分の動きなのかその境界があいまい〟という境地が理想です。

そして、相手の〝攻撃そのもの（の中心）〟に対し、精確に自分の中心を合わせることが重要です。ここでひとつ注意が必要です。先の言葉と矛盾するようですが、無理に合わそう合わそうとしないこと。それだと、結局追いかけ合いの関係になってしまいます。

〝合う〟瞬間は、放っておいても自然に訪れます。大切なのは、その〝合う〟瞬間を感覚的に認識することです。イメージ上の棒を立てたりする必要はありません。そういう物理的イメージを先行させると、どうしてもそこへ形として合わそう合わそうとしてしまいます。ここでの〝中心〟や〝合う〟とは、もう少しぼんやりしたイメージをもって下さい。

それを練習するのには意拳の「摩擦歩」、空手の「ナイハンチ」などが非常に有効です。

実習　「摩擦歩」で〝合う〟感覚を学ぶ

ゆっくりと「摩擦歩」を行ないます（次ページ写真参照）。この時、仮想の中心線をイメージし、それを意識します。そしてゆっくりと動く中で、その線に自分の中心が合う瞬間を意識（認識）することが大切

意拳「摩擦歩」

左右へ自分の〝中心〟を動かしながらゆっくりと歩く。同時に仮想の固定された中心線をイメージし、それと自分の中心との関係性を常に意識しながら動いていく。仮想中心線と自分の中心と重なる場面が一瞬訪れる。その一瞬を認識できるか。

なのです。ここで間違えてはいけないのが『合わせる』のが目的ではなく『合う』ことを認識することが重要だということです。

文章ではわかりづらいと思いますが、型稽古をしていくことで、このような「感性」が養われ、認識できるようになってきます。後の章でも出てきますが、本当に大切なものは目に見えないという、意識の力が培われてくるのです。

目には見えない仮想の中心線を意識し、それと合うことを認識する訓練をすることによって「目に見えないものを観る（観の目）」意識の世界の訓練をしているのです。

実習「ナイハンチ」による〝合わせからのズレ〟

〝合う〟瞬間ができても、そのままでは当然、攻撃をもらってしまいます。そこで意図的に「ズラす」ことが必要となるのです。「ズレ」があってこそ、捌きにもっていけるのです。〝合った〟状態から次の瞬間、ズラす、その時、相手は〝虚〟の状態となります。相手を容易に捌けるのはこの瞬間です。

この「ズレ」はあくまで「合わせ」とワンセットでなければならず、意識・動作に間ができては技として成立しません。

ナイハンチの直角に入る入身が可能となるかならないかの違いがここにあります。ナイハンチの最初の手刀受けまでの動作でこの合わせとズレの稽古を実習してみましょう（次ページ写真参照）。

ここで行なうのは「意識的な型稽古」です。

最初の構えから、右を向いた時に仮想の中心線を意識します。要領は「摩擦歩」と一緒です。そしてこ

「ナイハンチ」冒頭の手刀受け動作。右を向くと同時に、右真横に仮想敵が存在するとイメージし、そこから自分に向けて仮想中心線をイメージする。仮想中心線に自分の中心を〝添わせる〟ように歩を進め、その〝合った〟状態から自分の体をズラしつつ、手では相手中心をとらえるように手刀受けを行なう。「相手の攻撃は逸らさせ、自分の攻撃は相手をとらえる」という関係は、〝合う〟感覚がつかめてこそ実現する。

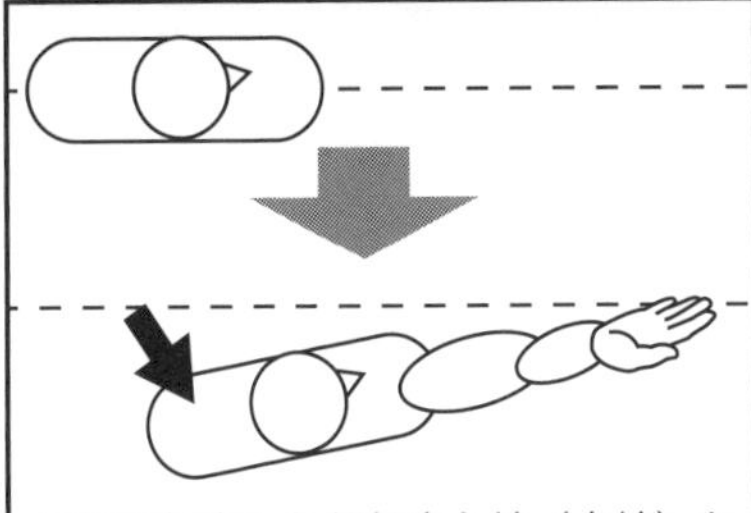

最初に想定した仮想中心線（点線）から体をずらしつつ、手刀ではそれをとらえる

の中心線は、もちろん仮想の相手の（攻撃の）中心を意味します。その中心線を意識しながら右側に歩みを進め、騎馬立ちになり手刀受けをします。その時に手刀の位置が重要となります。

動作としてはなんてことはない動きですが、先述の意識が入身を可能とします。

横から見ると騎馬立ちをした時には、仮想の中心線からズレていることがわかります。自分は相手の中心線から外れていますが、手は相手をとらえている状態を型が教えてくれます。

相手の（攻撃の）中心から我が身がズレているのは、もちろん勝手にそうなっている訳ではありません。ズラしているのです。ズラすためには、もちろん〝合う〟感覚がわからなければ、ズラしようがありません。きちんと仮想中心線と自分の中心の双方を意識することが大切です。

このことを繰り返し繰り返し、意識的に訓練することで技となっていきます。

これが本来の型稽古の意義ではないかと考えております。

表面的な形にとらわれてしまうと、どうしてもその形に自分の体を合わせようとしてしまいます。例えばこの「ナイハンチ」で、最初に立った状態から真横に仮想中心線を想定するために床にラインをひいてやってみる、とします。まず、そのラインにきっちり重なるように歩こうとします。そして、〝そのラインから少しだけ体幹が外れるような体捌き〟をやろうとしてしまいます。かくしてこの型は、「真横に真直ぐ歩き、少しだけ体を引いてずらしながら手刀受けをする動作」になってしまうのです。「真横に真直ぐ歩き、少しだけ体を引いてずらしながら手刀受けをやっていればよい」という認識で繰り返し行なうこの動作が、果たして何の役に立つでしょうか？　実際に真横に敵がいる場面でしか通用しないのでは？　型が実戦の役に立たないのでは、と危惧する方の多くはこういう考えが頭をよぎるからなのではないかと思います。

大事なのは見かけのラインではありません。中心をとらえ、それが〝合う〟～〝ズラす〟という感覚です。それが本当につかめたら、型は実際に役に立つのです。

合気道の、正面打ちによる攻撃を捌いていく型も同じことを学習していくための方法のはずです。これも実際に「イチ」に〝合わせ〟があるとないとでの、相手の崩れ方の違いを確認してみましょう。

合気道の技は決まった形、すなわち型として行ないますが、その型の一つのパターンである正面打ちは、「イチ」でまず相手が手刀で真上から真直ぐに打ち下ろしてきます。

「イチ」がいつくるかいつくるか、と警戒して構えているようでは、いたちごっこです。「イチ」は忌避

合気道技「正面打ち一教」

すべき対象ではありません。〝添わす〟感覚をもって迎え入れれば、もはや自分のものです。

とにかく、相手の攻撃を〝もらいにいく（いただく）〟という意識（心）が重要となってきます。

すると、相手と自分とが一体化します。一体化するから、崩し～投げが成立するのです。

相手が正面から打ち下ろそうとしてきたら、逃げるのでなくむしろ真正面に間を詰めることによってとらえ、制す。物理的に解説するとこうなるでしょうか。しかし、では何がポイントかとなったとき、〝相手が振り下ろす前にいち早く間を詰めること〟と考えてしまいませんか？

この技は〝早さ競争〟ではありません。当たるか当たらないか、攻撃動作を起こすか起こさないか以前に、相手の〝攻撃そのもの（の中心）〟と自分とが〝合う〟感覚をとらえられるかがポイントです。とらえられたら、そこからほんの少しズレればいいだけなのです。

さて、急がなければならない瞬間なんて、ありましたか？

正面打ちへの対応として行なっているのは、巧みに腕で受け止めることでも、早いタイミングで間を詰めることでも、うまく身をかわすことでもありません。〝合う〟感覚をとらえ、そこからズラす、これだけでもう、防御とともに〝崩し〟が成立しているのです。

第5章

"意識"の力

―動きと身体を変える最深奥義

①ココロがカラダを力ませる

よく野球などで、勝敗を分ける大事な場面でバッターボックスに立った人間が緊張のあまり、ガチガチになっているのに対し、監督やコーチが「力を抜け」「リラックスしろ」などと声をかけることがあります。野球に限らずその他のスポーツなどでも、より良いパフォーマンスを選手に発揮させるためにこれらの言葉はよく使われます。これらは「ゆるませる」ことによって一番効率の良い動作が発揮されることを知っているからこそだと思います。

本書でも、力まないことは序章から始まってここまで、ずっと存在してきた大テーマでした。しかし、力むか力まないかには、前記のように心理状態が常にちょっかいを出してくる訳です。

武術（本来はスポーツもそうかもしれませんが）の場合は、この「ゆるませる」ことを繊細かつ大胆に、そしてゆるんだ状態のまま、ココロとカラダが一体化して動いているか等を観察しながら練習していきます。

このややこしい事をどのようにして身に付けていくのか。そこで重要となるのが各武術が保有する「型」となるわけです。

では、もう一度正座で両肩を押さえつけてもらいます。胸の力をゆるめてみましょう。ここで相手から両肩にかかる圧力に隙間みたいなものが生じることを意識して感じて下さい。この「意識する」ということをやるかやらないかで、型稽古の上達の差となってきますので感覚の違いをよく味わって下さい。

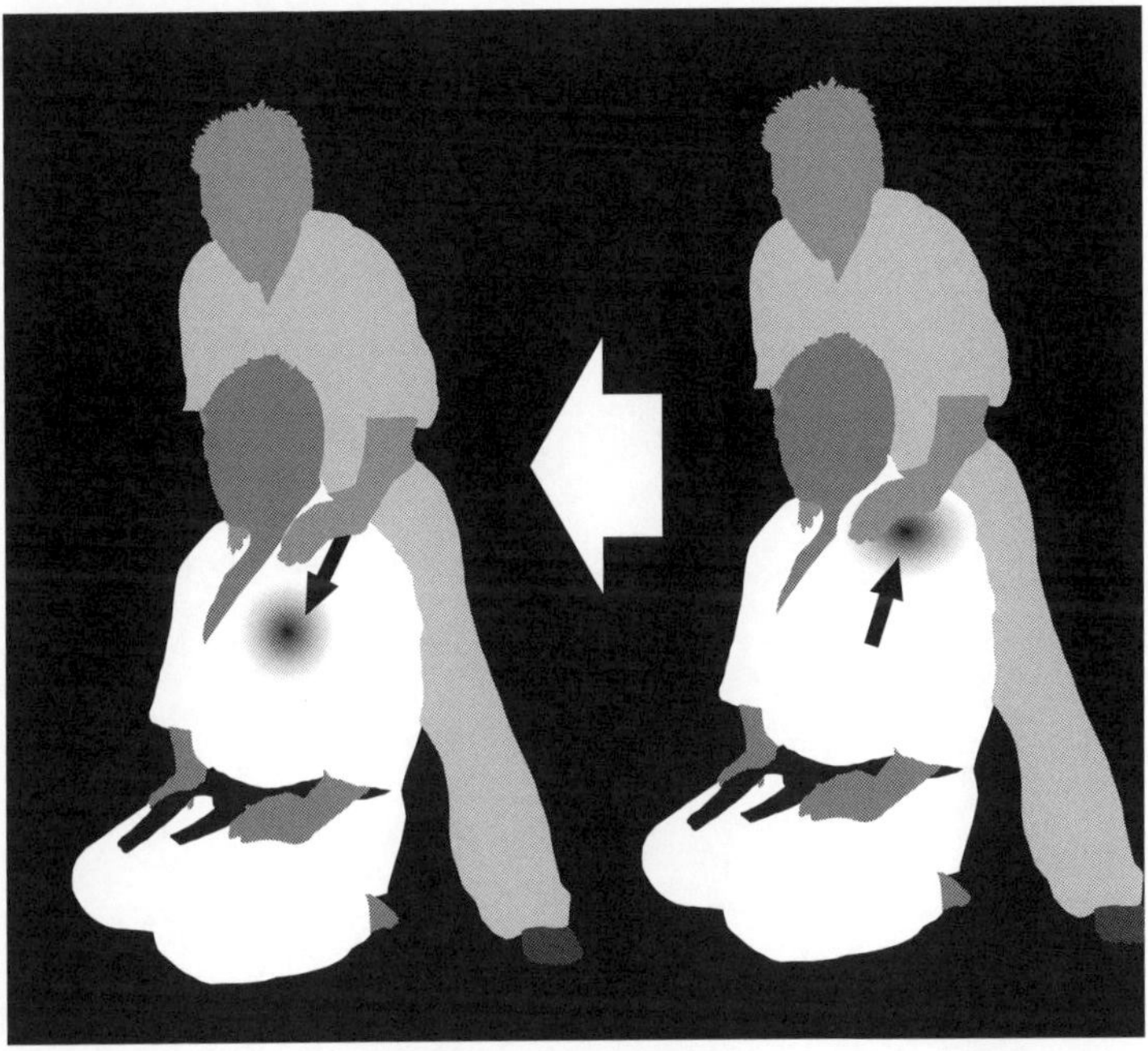

胸をゆるませることで、接触点にいってしまっていた意識を自分の中心に戻すことができる。

そして、心理面においても胸をゆるませることで、抵抗が加えられ接触点にいってしまった意識を自分の中心（胸）に戻すことができます。

この正座の例のように、自然（無意識）にやれていたことが、上から押さえ付けられるという「不自然状態」に直面した途端、間違った操作（不自然な動き・クセ）になってしまい、力がぶつかり合って技がかからないといった状況になる訳です。武術ではそのような不自然な状況の中で、いかに自然な動きを体現・体得できるかということを、型稽古という制限された不自由な環境で学んでいく方法をとっているのだと思います。

改めて考えてみていただきたいのですが、上から押さえ付けられるという「不自然状態」に直面した途端、なぜ間違った操作になってしまうのでしょうか？

それは、その力が自分を脅かすものだからです。この辺は武術の宿命ともいえるところですが、想定するものは基本的に〝敵〟です。まあ、両肩を押さえ付ける程度のことで〝敵〟と言うのも大げさかもしれませんが、少なくとも自分の自由を制限するものではありそうです。

ところが、武術はここの解決策を見出していたのです。

ここまでお読みいただいた方ならお気づきでしょう。あなたの両肩を押さえ付けている力は、あなたが抗わねばならない力ですか？

違います。対抗する必要などないのです。前章で触れたのは〝添わす〟という身体の使い方でした。そう、添えばいいのですから、それは〝敵〟でも何でもないでしょう。緊張する必要だって、力む必要だってないのです。

という事をあなたが本当の意味で〝認識〟するようになったら、実際、どんな急場でも無駄な力みを帯びることはなくなっているでしょう。まあ、実際にはそんなに簡単ではありませんけどね。

〝意識〟は極意にもなり、力みにもなります。

あなたはどちらにしたいですか？

② 意識には確実に力がある

〝意識〟は人間の動きや身体を変化させます。例えば、合気道などの実験で「折れない腕」というものが

折れない腕

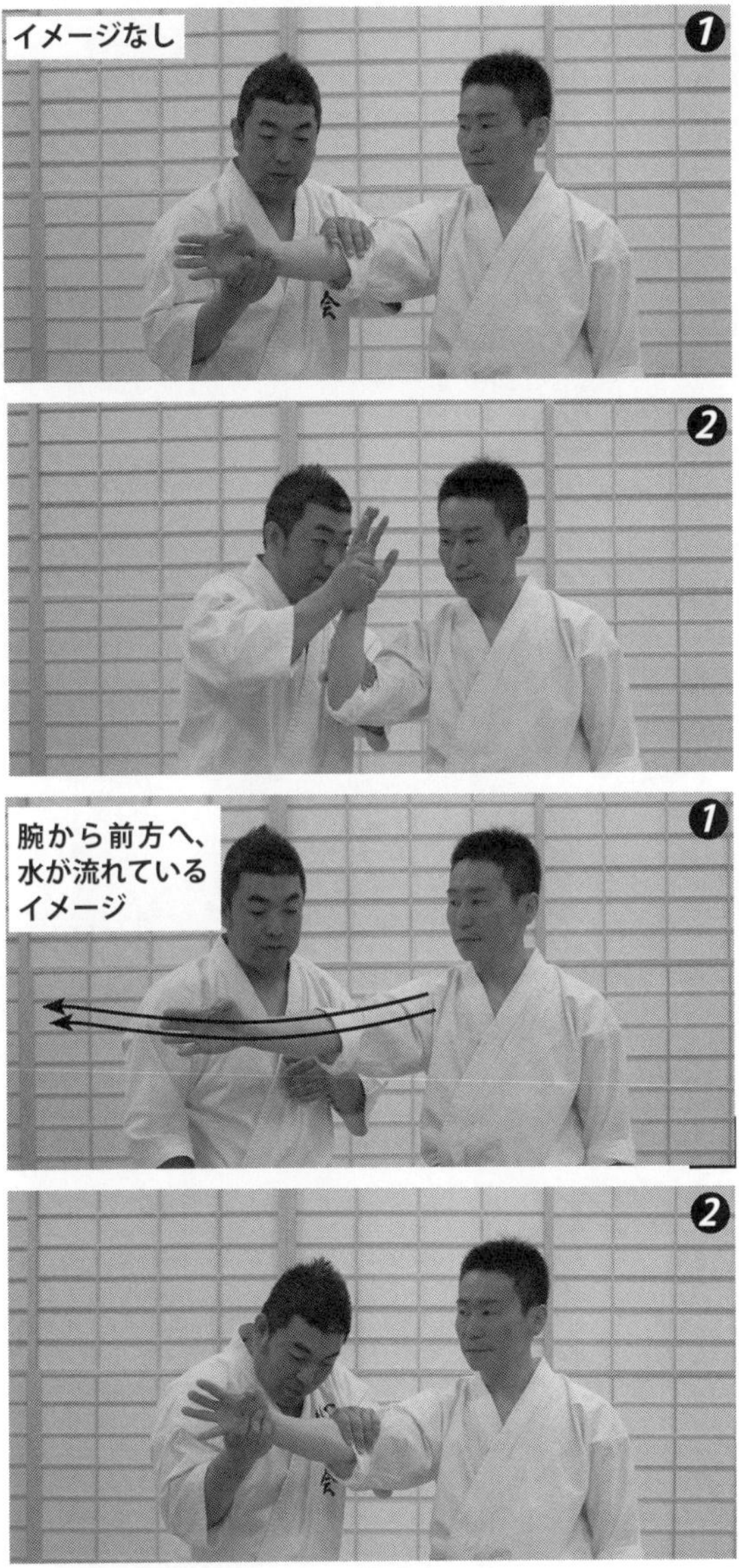

真直ぐに伸ばした腕を他者に曲げてもらう。通常では曲げられてしまう腕も（上写真1～2）、その中を水が絶え間なく前方へ流れ出ているイメージをもつとそれだけで簡単には曲げられなくなる（下写真1～2）。

太極拳の起勢の動作を〝光の玉〟のイメージを併用して行なってみる。地中深く、地球の中心にある光の玉と掌が繋がっていて、それが上昇してくる。手と重なった時に手を上げていく（写真1～2）。〝光の玉〟はさらに上昇していき、宇宙へ。今度はそれが手の甲と繋がっているとイメージ（写真3）。〝光の玉〟が下降してきて手と重なった時に手を下げていく（写真4～5）。〝光の玉〟はさらに下降を続け、再び地球の中心へ（写真6）。イメージによって、単なる腕の上げ下げでない内面の動きが生まれてくる。

あります。腕を真直ぐ伸ばし、そこに水が流れているイメージを持つと、その腕が明らかに強くなり、ちょっとやそっとの外力には曲げられなくなります。これはイメージ（意識）によって力を導く一つの方法です。

太極拳の起勢の動作でイメージを用いた実験をしてみます。

下から上に腕を上げる時に、自分の掌から地球の中心に向かって光の玉がつながっているとイメージします。そして、その光の玉が地球の中心から上昇してきて自分の手と重なった時に手を上げていきます。

逆に下げる場合は、手の甲から宇宙に向かって光の玉がつながっていることをイメージします。そして、光の玉が天から下降してきて手と重なった時に下げます。

やっているうちに、なんとなくでも、身体的に何か違う感覚が得られるようになってきます。見た目は同じようでも、確かに違うのです。

これを繰り返し繰り返し練習します。これが内側を動かす（内面　中国では内勁）訓練となっていきます。

意識には、このように通常はなかなか動かしにくい〝内側〟を動かすという力もあるのです。

この空想の光の玉を動かすことと、実際の動きを合わせることで意識の力を養成します。この空想には制限はなく、自分のイメージしやすい方法で構いません。当然、ゆっくりの動作でないと、イメージと実際の動きは合わせづらくなります。

空手の基本の突きを、イメージで変質させてみましょう。

右手で突く時に、突きの動作とともに自分の周囲の空気が「ブワァーッ‼」と一気に動いている様を空想してみます。この空想の世界を信じて行うことがポイントです。

半信半疑ではダメ。本当に空気が動いていると思ってやることで内側が動くようになってきます。

ゆっくりと中段に突き込む。この時、突き込む右手とともに部屋の空気全体を「ブワァーッ!!と引き連れていくようにイメージ。通常の突き動作では感じられなかった内側の動きが次第に生まれてくる。

イメージの効果を、生み出される力の質で検証。突き手を両手で押さえてもらって通常の突き動作をしようとするとぶつかって止められてしまうが（上写真1～2）、イメージ併用から生み出される突きは相手を腰から動かしてしまう力となる（下写真1～2）。

伝統的な武術で行なわれている「型稽古」が求めているものは、外見的な〝形〟の完成ではありません。そうだとすれば、もっと〝鏡〟を使った稽古スタイルになったと思いませんか？　〝形〟を常に自分でチェックする訳です。もっとも、昔は鏡は高価なものだったかもしれませんが、その、自分の姿が見えない状況下で行なう「型稽古」で何を求めるのか？　それは必然的に内側に向かっていくことになったと思います。

3 〝中〟と〝外〟のリンケージ

武術とは、最初は手や足の位置、角度など、目に見える部分、感覚として認識しやすい〝外側〟を整え、練り込んでいきます。そしてそれがある程度安定してできてくるようになると、それまでのようには順調に上達の進まない〝頭打ち〟の状態になります。

そこから先に必要になってくるのが、〝内側〟の養成なのです。

〝内側〟と言われても、目に見えないことですから、なかなかどうすればいいのかがわかりにくいですね。

そこで役に立ってくるのが「イメージ」です。

意拳がイメージを大切にするのは、この内側（内形）を養成することが目的だと考えます。そして、この内側の養成には明確なイメージと正しい外形が要求されます。

イメージと外形が伴うことで内形が形成されてきます。外側と内側を合わせることを中国武術では内外合一と言っています。

お気づきでしょうか？　本書でずっと述べてきたこと…胸をゆるめたり、肘や股関節のことなど、身体的なことを取り上げてきましたが、「肘はこういう格好にして使え」といった外見的な要領はほとんど出て来ていません。写真はたくさん載せていますが、それを見ただけでは正解なのか不正解なのか判断がつかない、ものばかりです。

本書は〝内側〞の本なんです。そしてそれを上手く操作できるのは〝意識〞です。

それは、稽古を実戦に通用するものへと昇華させる意味合いでも重要になってきます。

例えば、サンチンが身体的な一つの理想状態とします。では、実戦でもその形を作るかというと、そんな暇はない、というのが現実です。

〝あの形〞に価値があるのではありません。いや、価値がないと言っている訳ではありません。本項では外側と内側を合わせる、という話をしているのであり、外側が整ってこそ、内側を練ることができるのです。ただし、その目指すところは〝あの形〞をとらなければ駄目、というものではないということです。ラセンを作ったりといった内面的な身体状態としての〝サンチン〞を作ればいいのです。それならば、瞬時にできます。

例えば、相手が袖をつかんできます（次ページ写真参照）。体をもっていかれないようにしっかりとした形を作る暇はありません。瞬間的に心の中でサンチンをイメージします。すると、体の形としてはサンチンにはなっていなくとも、身体内面としてはサンチンになります。簡単には持って行かれない身体状態です。持って行かれないのみならず、サンチンが内面でできているこちらは、むしろ優位をとっています。わずかな体動で相手を崩し落とすことができます。

型はこのように実戦に繋がってくるのです。

相手が袖をつかんできた瞬間（写真1）、心の中でサンチンをイメージする（写真2）。これによって実際にサンチンの形をとらずとも、内面としてはサンチンの身体状態になっているため崩されず、逆にわずかな体動で相手を崩し落とすことができる（写真3〜4）。

④ 型は意識なしにはできぬもの

型は、最初は外面的な形が大事です。外面的な形を整えることが、体の正しいあり方を知る近道です。その上で内面を整えていくことが、型稽古の本質です。

外面的な形を整えることは、比較的簡単にできるようになります。しかし、そこから先が長いのです。

内面を練っていくことは、「意識」なしにはできない、と言って過言ではないでしょう。

先に記しましたように、本書はほとんど内面の話です。例えば第3章でテーマとした〝ラセン〟は、意識なしにはなかなかできません。

次ページの写真は空手の前蹴りですが、この中にもラセンがあるのです。しかしこのラセンは、ほとんどの人が失ってしまっている動きです。人間の関節を蝶番《ちょうつがい》のように単純構造のもののようにイメージしてしまっている人がほとんどだと思います。そういうイメージのもとでは、人間の足は単純な曲げ伸ばし運動しかしなくなってしまいます。

しかし、意識して体を使ってみれば、ラセンは顕われます。見た目ではほとんどわかりませんが。

型とは形に顕われていないところをこそ追究するもの、と言っても過言でないかもしれません。だから、意識が大切なのです。

肩甲骨にしても股関節にしても、最近はいろいろな所でその重要性が言われるようになってきていますけど、考えてみればどちらも、見た目で判断できる話ではないし、触って確かめながら動く、なんてのも

前蹴りの蹴り足に顕われるラセン。関節を蝶番のような単純な構造なもののようにイメージしてしまっていると、足には単なる曲げ伸ばし運動しか出て来ない。股関節を内、膝をやや外、足先を内…といったことを意識して行なうと足は自然にラセンの状態になる。

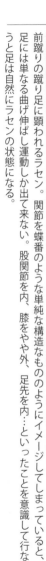

無理でしょう。結局〝内観〟によるところが大なんです。だから感覚を研ぎ澄まさなければならないし、自分自身の身体に意識を向けることが、型稽古においては非常に重要になってくるんです。

人はとかく目に見えた成果を求めたくなってしまうものだと思います。とくに現代はそれを求めてしまう傾向があるのかもしれません。

実戦に近い形のスパーリングをガンガンやって今まで倒せなかった相手を倒せるようになった、とか、今までよりも重いものを持ち上げられるようになったとか、があれば、上達した感じがしますよね。稽古に勤しんでる甲斐があるってもんです。

しかし、伝統的な武術は総じてそういう尺度を稽古に導入しませんでした。だから、間違いがなかったのです。目に見えた成果を増やしていくことよりも身体的な〝正解〟を求めたのです。目に見えた成果を増やして行くことが目的になってしまっていたら、武術はもしかしたら間違えていたかもしれません。流儀はそれぞれバラバラな方法論を携え、すべてに共通する〝根理〟のようなものは存在しなかったかもしれない、そんな気がするのです。

終章

“術”の交差点にあるもの

“何をやってもうまくいく”はずのセオリー

1 本当に大事なものは目には見えない

空手、中国武術、居合、と異分野の武術をクロスオーバーさせてご紹介してきましたが、いかがでしたか？

皆さんの中でもなんとなく〝垣根〟がはずれてきたのではないかと思います。

一般に、武術には〝それらしい動きのイメージ〟があると思います。例えば、空手なら直線的で速い動き、中国武術なら曲線的な動き、居合なら精度の高い鋭い動き……といったように。それはそれで間違いではないのですが、表面的な印象にとらわれていると、大事なことを見逃してしまいます。

空手は「速い動きが戦いにおいては有効だから速く動け！」という武術なのでしょうか？　中国武術は「いやいや、曲線的な動きこそがとらえにくい、有効な動きなのだ！」と主張しているのでしょうか？

そんな単純なものではありませんよね。

今一度特筆しておきたいのが、大事な動きほど見えにくい、という事です。

次ページ写真は今一度、那覇手系空手の型、「サンチン」です。

構えから左腕を引いていきますが、この時に胸の抜きと肘の抜きが介入します。そして、この時の立ち方が股関節に窪みをつくることで、股関節の意識化を形成しています。

引いた左手を今度は突きの動作とするわけですが、先述のケーキからハエを追い払う時のように「自然の動作」として突きというものを考えてみます。

通常「突き」というとボクシングに見られるストレートパンチのように直線的で速いイメージがありま

「サンチン」の冒頭動作。引いた左手を低い位置から突き上げていくが、この動作には〝突き〟〝パンチ〟といった言葉とは違った、非常な〝自然さ〟がある。

すよね。中国武術には「黒虎盗心」という言葉があります。これは、黒い虎が心臓をつかむように動かせという口伝です。「サンチン」の突きではこれをイメージして型の練習をします。

さて「黒虎が心臓をつかむ??なんじゃそりゃ?」となってしまうと思いますが、試しに両手をダラリと自然に下げた状態にしてみて下さい。そこから相手がいたら正面に立ってもらって相手のアゴをつかみにいく動作を行なって下さい。これもあくまで自然に行って下さいね。

どうでしょう? 当たり前ですが手は下から上への軌道を経て、相手のアゴをとらえにいったかと思いますが、相手の方はちょっと焦って避けませんでしたか?

この動き、非常にとらえにくいのです。予兆なくいきなり手が迫ってきたように感じられるので、焦ると思います。大して速い動きでもないのに、ちょっと不思議ですよね。これは〝自然な動作〟だから、とらえにくいのです。もちろん、〝不自然な動作〟ならば、速くともとらえやすいのです。

人が何かをつかみにいく動きの自然さをこそ尊ぶべく、中国武術には「黒虎盗心」という言葉が伝わっているのだと思います。

直線的で速いイメージとは少し違いますが、相手を拳(掌)によって打撃を加える場合、ものをつかみにいくという自然な動作に威力をのせることを養成することが武術的に適していると考えます。

そういった目で「サンチン」の突きを見てもらいますと、アゴではありませんが、ちょうど心臓をつかむような形で行なっているのが写真を見ていただけると、理解してもらえるかと思います。拳の軌道を見てもらいますと、下から上へとすりあがっているのが確認できます。

では、今度は自分がアゴをつかまれる側になってみて下さい。

構えた状態から顔面に手を伸ばしていく動き（写真右列）に比べ、両手を下げた状態からアゴをつかみにいく（同左列）方が、相手にとって格段に見えにくい動きになる。

合気道の基本稽古「舟漕ぎ」。

まずは相手に構えをとってもらってそこからアゴをつかみにきてもらいます。次に、今度は先ほどと同じ要領で両手を下げた状態からつかんでもらいます。

どうでしたか？

恐らく両手を下げた状態からつかまれた方が認識しづらく、なんとなく嫌な感じがしたかと思われます。

何かをつかみにいく動作というのは下から上にすりあがってくるために見づらい動きとなるわけです。つまり、自分は動かしやすく、相手からは認識しづらいという突きの動きを「サンチン」の型で学習できるようになっているんですね。

類似した動きが、合気道の基本稽古にある「舟漕ぎ」の動作です。

写真を見てもらいますと、前方へ手を送り出す時に、「サンチン」の突きのように下から上へと跳ねあげるような軌道をとり、引きつける時には引き手の動作を両腕で行っているという、細かく見ていけば違う部分が多々ありますが、胸の抜き、肘の抜き、股関節を意識して使う、などの根底部分での共通点を感じることができます。

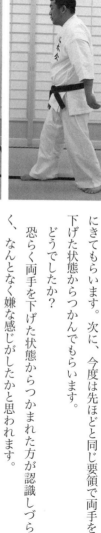

「舟漕ぎ」運動の腕を後方から誰かにつかんでもらう。その状態から前方へ持っていけるか？

太極拳の基本動作「起勢」。

実際に相手をつけて実験してみます。後方に置いた両腕をつかんでもらい、その状態から舟漕ぎの要領で腕を前方へ動かしてみます。通常に動かそうとしても抵抗する力とぶつかってしまい、動かすことはできません。しかし、〝根理〟の部分を意識して訓練した動きに変えると、相手を寄せることが可能となります。

逆も同じで、前方へ伸ばした両腕を相手につかんでもらい自分の方へ引き寄せます。これも通常に動かそうとすると相手の力とぶつかってしまいますが、〝根理〟を意識した動きにすると引き寄せることが可能となります。

こうした捉え方をしていくと、さらに中国武術の動きの中にも共通点を見出すことができるようになります。前ページ写真は太極拳の基本動作「起勢」です。

「起勢」の動作も腕が下から上へと、肘が抜けながら跳ねあがってきて、下げる時には「舟漕ぎ」の引きつける動作と同じことをしていることがわかります。

〝根理〟という捉え方をすると、空手も太極拳も合気道も肘が抜けながら下から上へとすりあがるように腕を前方へと送り出し、引きつける時には、その反対の軌道を通るようにして、肘が抜けながらカラダに寄せるという動作の質がわかるのです。

「サンチン」「舟漕ぎ」「起勢」と共通項をたどってみましたが、いかがですか？　〝共通項〟となるだけあって〝それらしく〟もない、何でもない動きに映るものばかりだと思います。しかしそのどれもに〝根理〟を踏まえてなされた時、防ぎ難い突きとなったり、身体ごともっていかれるような力であったり、そういった威力を秘めているのです。

大事なものほど見えにくい。その〝見えにくいもの〟を、本書ではテーマにしました。

見えにくい、それは別の言い方をすると、あまりにも〝自然〟だということです。

② 両手は〝連動〟して動くもの

空手の基本、正拳突きの動作は前項で示した極めて〝当たり前〟の動きを、左右交互に連動させて行なっています。そして、この右手と左手が連動して動くことを「夫婦手」と称して重要視しています。

両手を連動させて突くことによって、バランスのとれた居着きのない動きになり、威力ある突きとなります。そしてこれは、打撃だけではなく、投げなどの柔術的な技法へとつなげる事ができるようになります。

沖縄空手を伝承されるある先生が、合気道のような技法を体現されるのを見て、どうして空手という打撃系の武術家がどちらかというと力強い投げではなく、合気系の柔らかい感触で倒す投げを駆使されているのか、どのような原理で技を体現しているのか不思議でならなかったのですが、この夫婦手の原理を理解して稽古するようになってから、その理由がわかるようになり、自分でも少しずつできるようになってきました。

この基本の突きを応用した投げが次ページの写真です。

両手首をつかまれた状態から、片方を押し出し（突き手）もう片方を引いて（引き手）あげます。小手先ではなく、〝根理〟に基づいて芯からカラダを用いると、写真のような投げが成立するのです。

「夫婦手」―左右の手を連動させて用いる、と聞くと、なんだか高度な技術のように思えてしまうかもしれませんが、ここで重要なのは、極めて〝当たり前〟なことを〝自然〟なままに遂行できるか、という所です。

空手の正拳突き。右手が突く時は左手が引く、という連動が行なわれている。

正拳突きのにおける左右の手の連動（夫婦手）を応用した投げ。

左右の手を連動させる使い方は、何も特殊なものではありません。

皆さんは、歩く時に左右の手を同時に交互に振っていませんか？　意識しない動きほど、皆さんの動きは〝連動〟しているのです。

この「夫婦手」、実は日本の古武術でも様々な流派で必ずといっていいほど代表的な動きで登場します。

さて、何だと思いますか？

それは、抜刀する時の抜き手と鞘引きの動きです。抜刀も、両手が同時に別々の動きをする事によって、動作が完成されています。

この「両手が同時に別々の動きをする事で動作の完成を目指す」という所に焦点を当てて稽古をしていくことによって抜刀術と体術（柔術）の関連性が導き出され、どちらを稽古してもお互いにレベルアップさせることが可能になるという、古の武人が稽古していたと思われるような稽古システムが垣間見えるようになります。

両手を同時に別々に動かす……これって空手、抜刀に限らず太極拳や日本舞踊など、カラダを動かすということにおいて、ほぼ共通する事なんですよね。

当たり前ですが、人間が肉体を駆使して行うことに、日本人だの中国人だ、ロシア人だ、といった、人種的な違いがそれほどあるとは思えないのです。もちろん、全般的にアジア人よりも欧米人の方が骨格や筋力が大きいなどの特徴はありますが、肉体を作動させるシステムにおいて大差はないのです。

3 取り戻すべき〝本当に大事なもの〟

宮本武蔵の『五輪書』水之巻の中に〝太刀の道といふ事〟と題して、こんな記述があります。

「太刀の道を知るといふは、常に我《わが》さす刀をゆび二つにてふる時も、道すじ能《よ》くしりては自由にふるもの也。太刀をはやく振《ふ》らんとするによって、太刀の道さかいてふりがたし。太刀はふりよき程に静かにふる心也。」

刀を速く振ろうとするな、ふりよき程に静かに振れ、と言っているのです。

武蔵が理想とした刀法は〝自然〟という言葉に尽きると思います。それをわざわざ記さねばならなかったのですから、当時にして皆〝速く振ろう〟としてしまいがちなものだったのでしょう。〝自然〟は失われがちなものだったのでしょう。

武蔵は同じく『五輪書』の火之巻において、長い太刀、短い太刀、強い太刀、その他それぞれ独特の技術を持って勝とうとする方法論をどれも〝悪しきこと〟とバッサリ切り捨てています。

現在、さまざまな流儀が存在します。さまざまな勝つための方法論が存在します。上達論、トレーニング法も、本当に数多く存在します。さすれば、我々はどうしても、それぞれの特徴的なところを見ようとしてしまいがちです。

でも、本当に大切なものは、もっともっと根っこの方にあるものなのではないでしょうか。

空手を長年修業してきたけれど、中国武術の柔らかさも身に付けたいからそれも習い始めた…という姿勢を否定するつもりはまったくありません。しかし、空手の中にだって柔らかさはある、ということにこそ、目を向けていただきたいのです。そんな思いで、さまざまな武術に共通する〝根理〟というものをお伝えしたかったのです。

〝根理〟が示すものは、もともと誰でも当たり前にできるはずの〝自然な動き〟です。何をなさっている方も、その中で〝自然な動き〟ができたら、今より格段に上達するはずです。

今、本当に必要なのは、「足りないものを付け足すこと」ではなく、「失われかけているものを取り戻すこと」なのではないでしょうか。

後書き

いかがでしたか？　型が内包する素晴らしい世界を少しでもお伝えすることができたでしょうか。

今から25年前、18歳の頃より続けてきた武術修業の記《しるし》をこのような書籍という形で残せるようになるとは、当然ですが18歳の自分は想像もしていませんでした。

思えば今のようにインターネットなどは当然なく、情報も少ない時代でした。その少ない情報の中から「これは！」と思われる先生や道場に通い、様々な教えを受けました。その時にはわからなかったことが後になってみて「このことを伝えていたんだろうな」と認識できるようになりました。そう認識できるようになったのが「根理」という考え方でした。武術共通の原理、というか人間が体を使うということにおける不変のシステム、これを明確化させ認識することで単純な力ではない、別の力の出し方を少しずつ実践できるようになってきました。その辺から自分の武術修業が、ようやく本当の入口に立てたこと、真の意味での「入門」することができたのではないか。そんな風に思った覚えがあります。

そのシステムを学習するのに最適な教科書となるのが、本編でも述べさせてもらい、何度も登場する「型」となります。型によってあらゆるクセ（我）を削ぎ落とし、人間本来の自然なありかた（自然体）に立ち返ることで先ほどの「入門」する事が可能となるのです。そこから技から術へ、という、術の世界に入っていく道標がみえてくることとなります。

本編でも紹介した「意識の力」「合わせからのズレ」などで検証していることは、良い例と悪い例の違いが、写真はもちろん、傍からみていてもほとんどその差はわかりません。ですが、術者の内側の認識が明確化されているため、結果（現象）が違ってくるのです。この内側の認識を明確化させるためには、「目には見えないが確かにそのようなものがある」そう信じる「心」が必要とされます。まさしく「信じる者は救われる」のです。そうやって心で信じたもの（内側の感覚）と体の形を整えたもの（外側の感覚）を融合させてゆくのが武術で求められる力なのだと思います。

最初は骨格や筋肉など、外側の感覚（肘抜き・肩甲骨・股関節など）を明確化させ、それと同時に、徐々に心のあり方や意識するなどといった内側の感覚を作り上げていくのです。技から入り術へと至るヒントがここにあります。この内側の感覚を明確化させるにはある程度の時間を必要とします。しかし、この内側の感覚が認識できるようになってくると「心」で想うだけで先ほどの〝融合化された力〟が発動されるようになります。

中国武術・日本武術、どちらも武術の流派の名称に「心」や「意」を使用したものが多いのはいかにそのことが重要かということの表れではないかと思っております（心意拳　心形刀流　柳生心眼流　意拳　形意拳など）。

ちなみに「心水会」もこの考えに基づいて名称をつけました。この内外を融合化させるシステムを体内（体外）に形成するのに最適な方法が先人たちが残してくれた「型稽古」なのだと思っております。私自身、まだまだ発展途上の段階ですし、先人たちが残し、伝えられてきたこの「型」が、この先どんな世界へ導いてくれるのか、本当に楽しみです。そのためにもこれからも「型」と真摯に向き合い精進してまいりたいと思っております。

本書を出版するにあたり、ＢＡＢジャパンとのご縁をつないでいただいた柳生心眼流竹翁舎の島津兼治先生、いつも快く稽古場として道場を提供してくださる戸山流居合道誠斬会の籏谷嘉辰先生、両先生にはいつもご支援をいただき、誠に感謝申し上げます。本書が形をなすにあたっては多くの方々のお力添えをいただきました。同じ高校で出会って以来の友人であり、戸山流居合道誠斬会籏谷先生の高弟であり、心水会においては師範代の役目を努め、何かにつけいつも私をサポートしてくれる長谷川康治氏、写真撮影に協力してくれた牛越順一氏、稽古相手となり互いに高めあえる存在となる心水会会員の皆さん、いつも私の健康を気遣い、支えてくれている妻の中野桃子、心より感謝いたします。また、公刊の機会を与えてくださり、構成から編集に至るまでご協力いただいたBABジャパンの原田伸幸氏にお礼を申し上げます。そして最後に、今年の2月に天国へと旅だった愛犬まる、こうして本としてこの世に出せることができたのは君からのプレゼントだと思っているよ。ありがとう。いつまでも愛してる。

中野由哲

2016年5月

著者プロフィール

中野由哲（なかの よしのり）

1973年生まれ。18歳の頃より、空手や中国武術（太極拳、八卦掌、心意拳など）、古武術、合気道などの各種武術を学んできた中で、その中に共通して存在する心身の運用を研鑽すべく2008年に「古伝体術 心水会」を発足する。

装幀：中野岳人

本文デザイン：k.k. さん

武術の“根理”

何をやってもうまくいく、とっておきの秘訣

2016年 6月10日　初版第1刷発行
2020年10月20日　初版第4刷発行

著　　者　中野 由哲
発 行 者　東口 敏郎
発 行 所　株式会社ＢＡＢジャパン
〒151-0073 東京都渋谷区笹塚 1-30-11 4・5F
TEL　03-3469-0135　　FAX　03-3469-0162
URL　http://www.bab.co.jp/
E-mail　shop@bab.co.jp
郵便振替 00140-7-116767
印刷・製本　中央精版印刷株式会社

ISBN978-4-86220-985-6　C2075

BOOK Collection

武道の「型」が秘めた
“体内感覚養成法”
本当に強くなる“一人稽古”

ジャンル問わず! 達人たちはみな、
“型稽古”で達人になっている!

“実戦的でない”、“形骸的”なんてとんでもない! ジャンル問わず、武術に普遍的に存在する、「一人稽古で本当に強くなるシステム」をご紹介! どんな武術・スポーツにも応用可能! 野球でもテニスでも剣道でも、決まった形の素振りを繰り返すのには理由がある! このしくみがわかれば、あなたは“一人”で強くなれる!

■中野由哲 著 ■四六判 ■192頁 ■本体1,400円+税